Jean Philippe KAPET

L'île des Bienheureux

Jean Philippe KAPET

L'île des Bienheureux

Etendue sans borne de l'océan

Éditions Croix du Salut

Imprint
Any brand names and product names mentioned in this book are subject to trademark, brand or patent protection and are trademarks or registered trademarks of their respective holders. The use of brand names, product names, common names, trade names, product descriptions etc. even without a particular marking in this work is in no way to be construed to mean that such names may be regarded as unrestricted in respect of trademark and brand protection legislation and could thus be used by anyone.

Cover image: www.ingimage.com

Publisher:
Éditions Croix du Salut
is a trademark of
Dodo Books Indian Ocean Ltd. and OmniScriptum S.R.L publishing group

120 High Road, East Finchley, London, N2 9ED, United Kingdom
Str. Armeneasca 28/1, office 1, Chisinau MD-2012, Republic of Moldova, Europe
Printed at: see last page
ISBN: 978-620-6-17033-4

A ma grand-mère WAH TIRO Juliette

……la rose est sans pourquoi…..

Ne cherchez pas à être aimés, aimez les autres. Voilà pour vous le vrai pain.

Car, tout passe, seul l'Essentiel demeure !

Aux enfants de Poly Capet Julien et petits fils, pour la compréhension autre du Tout-Autre.

Jésus doit naître en chacun de nous….

A Séverine, ma source d'inspiration.

Je dédie cette étendue sans borne de l'océan.

Table des matières

Préface 5

I- Méditation du triduum de l'assomption aout 2014 tabou..................7

II- Le séminariste et la vie communautaire 17

III- Rencontre des responsables scouts de la région de San Pedro à Touih du 08 au 09 Décembre 2012. Thème : « Que tous soient un, afin que le monde croie que tu m'as envoyé » 20

IV- Rencontre JEC diocésaine a la paroisse Saint Michel Archange de Touih, vendredi 05 juillet 2013. Thème : les jeunes et la vocation ...24

V- La foi se perd dans le monde : Danger ! 29

VI- De la visibilité de notre foi au quotidien, pour une vraie réconciliation 31

VII- La miséricorde de dieu dans la vie de Saint Paul...........................35

VIII- Peut-on être philosophe et être chrétien ?....................................41

IX- En marche avec Heidegger 44

X- Quel est le sens du négatif dans le procès dialectique chez Hegel ?..49

XI- Penser les mutations sociales africaines 51

Bibliographe 55

Préface

Mieux nous connaissons Dieu et plus notre attitude devient humble et respectueuse. Je partage avec vous mes pensées, mes méditations pour nourrir notre esprit et notre âme. Le titre «*L'île des Bienheureux, Etendue sans borne de l'océan* » voudrait simplement dire que la pensée va au-delà de nos attentes, de nos limites,… et seule la méditation nous plonge dans la profondeur abyssale pour y trouver Dieu. Je crois fermement que ces textes, comme des gouttes d'eau, nous permettront de nous fondre dans l'étendue sans borne de l'océan.

I- MEDITATION DU TRIDUUM DE L'ASSOMPTION AOUT 2014 TABOU

1er jour

Thème : « Marie, mère de Dieu et des hommes. »

Le thème de notre méditation de ce soir frères et sœurs, qui nous fait entrer dans notre triduum s'intitule : « **Marie, Mère de Dieu et des hommes** ». Face aux critiques, voire même des attaques de toute part, que dit l'Eglise, et même que dit le chrétien catholique de notre temps ? Comment une femme, un être humain comme nous tous ici présents peut-être la Mère de Dieu « Theotokos » ? Pourquoi Marie est-elle vraiment la Mère de Dieu ? Quelle réponse crédible donne la foi chrétienne catholique ? La foi chrétienne proclame que Marie est vraiment la Mère de Dieu parce qu'elle est la Mère de Jésus, (Cf, Jn 2, 1 ; 19, 25). En effet, Celui qui a été conçu par l'opération du Saint-Esprit et qui est devenu vraiment son Fils est le Fils éternel du Père. Il est lui-même Dieu. De toute éternité et de façon toute gratuite, Dieu a choisi Marie pour être la Mère de son Fils. Pour accomplir cette mission, elle a été immaculée dès sa conception, c'est-à-dire par la grâce de Dieu et en vue des mérites de Jésus-Christ, Marie a été préservée du péché originel dès sa conception.

Marie, Mère de Dieu, parce que le Fils de Dieu s'est incarné dans son sein par l'opération du Saint-Esprit, pour nous les hommes et pour notre salut. En entrant donc dans le mystère de l'assomption qui est la montée de la Vierge Marie au ciel avec son corps et son âme, nous participons à la collaboration de l'homme avec Dieu. Dieu rejoint l'homme et tout l'homme en la personne de son Fils Jésus-Christ pour que l'homme ait la vie et qu'il ait en plénitude. Le canal par lequel il est venu jusqu'à nous est la Vierge Marie. Marie du coup devient le pont entre les hommes et son Fils-Dieu. C'est-à-dire la Médiatrice entre nous et son Fils Jésus-Christ. Ce Jésus nous rejoint dans l'aujourd'hui de notre vie par sa Mère pour le salut de l'homme. Quelle grâce ! Quel bonheur pour nous les hommes ! Comme Elisabeth, que chacun s'écrie d'une voix forte : **comment ai-je ce bonheur que le fils de Dieu vienne jusqu'à moi par Marie ? Magnificat !** Dieu nous rejoint, alors, pour trouver la grâce de Dieu, frères et sœurs, il faut rejoindre Marie. Marie, qui veut dire en araméen « **Princesse** », est la plus belle créature de Dieu lui-même. Elle est d'une beauté sans pareille, après elle, il n'y aura pas de créature semblable à elle. **Magnificat !** C'est dans cette fleur de Jérusalem que s'est fait chair le Seigneur Jésus par l'action de l'Esprit-Saint et sans le concours d'un homme. Rappelons-nous de l'évangile de Saint Luc, 1, 35 : « *L'Esprit Saint viendra sur toi* » lui a dit l'ange à l'Annonciation. C'est grâce au « Oui » de Marie que le Christ a assumé son vrai corps humain, par lequel Dieu invisible s'est rendu visible. Pour cette raison, le Christ peut être représenté et vénéré au moyen d'images saintes. **Marie, Mère de Dieu, vérité d'hier, vérité d'aujourd'hui et vérité de toujours.**

Marie, Mère des hommes, parce que Jésus notre frère nous l'a confiée à tous et à chacun. Rappelons-nous de Marie au pied de la croix assistant à la mort de son fils, et Jésus de dire à sa Mère : « *femme, voici ton fils* » et à Jean : « *voici ta Mère* ». Donnée, comme mère au disciple bien-aimé, Marie reçoit une nouvelle mission. Elle n'est plus seulement la mère du Fils de Dieu, mais elle devient aussi la mère et la protectrice de tous ceux que son Fils rachète par le sang de sa croix. Jésus nous donne sa Mère comme mère et comme médiatrice de grâce puisqu'elle est son humble servante, celle qui a compris et accepté le dessein de Dieu dans sa vie. Si nous voulons entrer dans la profondeur du mystère de la croix, il nous faudra comme le disciple bien-aimé, accueillir la vierge chez nous.

Il faut, pour monter et s'unir à Dieu, se servir du même moyen dont il s'est servi pour descendre à nous, pour se faire homme et pour nous communiquer ses grâces ; et ce moyen, ce chemin est la Vierge Marie. **Vérité d'hier, vérité d'aujourd'hui et vérité de toujours !** Oui ! Tous les âges te diront bienheureuse, sainte vierge Marie, parce que le Puissant a fait pour toi des merveilles. Oui, aujourd'hui encore la terre et le paradis la proclament heureuse et bénie : bienheureuse Vierge Marie. Telle est notre foi, telle est notre vérité. Alors, tout chrétien catholique qui n'implore pas la grâce de la vierge Marie pour une vraie relation intime avec Jésus, est comme un arbre sans racine, livré à lui-même et livré aux forces du mal. Nous sommes donc invités à nous attacher à la vierge Marie, parce qu'elle est notre Mère. Quelle mère pourrait refuser de bonnes choses à son fils, à plus forte raison la Mère de notre Seigneur Jésus-Christ. Et quel fils pourrait dit « non » à sa maman ? Elle, la vierge, qui a dit aux disciples : « **faites tout ce qu'il vous dira** ! », parce qu'elle connait mieux son fils que quiconque. Frères et sœurs, c'est à juste titre que nous vénérons la Mère de notre Seigneur. Le chrétien catholique est invité au quotidien de sa vie à avoir une relation personnelle avec la Vierge Marie. Parce que la Vierge Marie est le symbole de foi de l'Eglise du Christ, donc de tout chrétien qui, enraciné dans la parole de Dieu, y puise Esprit et Vie, son bonheur, sa béatitude et la fécondité de sa vie.

Sans cet enracinement, il risque de se dessécher, de se laisser entrainer dans l'univers des impies, de se laisser décourager par les « rieurs » qui se moquent de notre Eglise, parce qu'elle vénère la Mère de celui qu'ils prétendent servir et annoncer. En tout cas, toute mère mérite respect profond, à moins qu'on ne soit des hommes sans mère, qui n'ont jamais connu la chaleur d'une mère, ou le regard doux et paisible d'une mère qui aime son fils. **Que serait un chrétien catholique sans Marie ?** Il serait comme un arbre sans racine, sans tronc, sans branches et sans feuilles.

Nous prions la vierge, nous la vénérons, mais attention nous ne l'adorons pas. Elle est le modèle de foi de tout chrétien. Prier la vierge, est pour nous le fait de prendre le temps de s'exposer au soleil du Christ, au feu de sa parole et à la chaleur de son amour.

Marie, mère de Dieu et des hommes, vérité de Dieu et vérité de l'homme. Avec Marie, nous sommes des porteurs de Dieu aux hommes et aux femmes de notre temps. **Avec Marie tout est possible. Avec Marie tout est grâce. Alors, Allons à Jésus par Marie, car elle seule peut fléchir le cœur de son Fils.**

Magnificat ! Magnificat ! Je vous remercie.

2ième jour

Thème : « Quelles dévotions mariales ? »

La méditation de ce deuxième jour de notre triduum, sera portée sur la question des dévotions mariales. Hier déjà une question se faisait entendre : pourquoi vous les catholiques vous adorez Marie ? Ils ont raison de nous poser cette question, parce que nos manières, nos façons de prier la Vierge Marie laissent à croire que nous l'adorons. Devant de nombreuses déviations mariales de nos jours, il convient de s'interroger, de marquer une halte, afin de redécouvrir le sens premier de la dévotion à la Vierge Marie. Aujourd'hui plus que jamais, à tort ou à raison, le chrétien de notre temps s'obstine malgré les directives de nos pasteurs les prêtres, à pratiquer la prière d'adoration à Marie. Nombreux sont ceux-là mêmes qui pensent que la vierge sauve, à telle enseigne qu'ils oublient un tant soit peu le Christ Jésus, l'unique Sauveur des hommes. Non ! La vierge Marie n'est pas ce que vous croyez, mais plutôt celle-là même par qui le Dieu-Homme nous rejoint et nous sauve. Jamais Marie ne doit être prise comme une idole, mais comme signe de foi présent au cœur de l'Eglise en marche vers Jésus le déjà là et le pas encore. Comment prions-nous la Mère de notre Seigneur ? Pourquoi est-ce que pendant qu'on dit la messe, il y a des chrétiens des soit disant « amis de la grotte », qui se retrouvent à la grotte pour prier alors que Marie elle-même est au pied de l'autel ? Pourquoi tant de gestes d'adoration ? Pourquoi tant de déviations ? Frères chrétiens, à Marie la Vénération et à Jésus l'Adoration.

Bien souvent, ici ou ailleurs, l'on assiste à des pratiques, à des manières de prier la Vierge Marie, un peu pas trop catholique, telle que : ces dévots hypocrites, qui avec leur chapelet de toutes couleurs et portent les livrets de la sainte Vierge, afin de passer pour bons, ces autres dévots intéressés, qui n'ont recours à la sainte Vierge que pour être délivrés des maux du corps, ou obtenir des biens temporels. Il y a un autre groupe de dévots qui sont mêmes des aveugles, pour eux quand tu pries maman Marie c'est finir le paradis est ok, alors ils dorment en paix dans leurs mauvaises habitudes, sans se faire beaucoup de violence pour se corriger, sous prétexte qu'ils sont dévots à la sainte Vierge. On pense que la Mère de Jésus est marabout ou féticheuse. Quand le chrétien catholique s'agenouille devant et même se couche devant la statue de Marie, on donne raison à ceux qui nous critiquent. Les chrétiens, surtout nos mamans, ne viennent devant la Vierge Marie que pour pleurer leurs maux, leurs soucis, leurs peines, tout cela est bien, mais il faut faire preuve de grandeur de foi, il faut voir autrement la Vierge. Voir autrement la Vierge, n'est-ce pas glorifiée Maire, la magnifiée, la bénie, parce qu'elle est bénie entre toutes les femmes ! Comme nous et mieux, plus que nous Marie prie son Fils pour le salut des hommes. Oui, Marie prie pour nous, pauvres pécheurs : **vérité d'hier, vérité d'aujourd'hui et vérité de toujours.** Alors, notre attitude serait donc, à l'égard de la Vierge, une prosternation, c'est-à-dire une action de se courber, de s'abaisser jusqu'à terre en signe de soumission et de respect.

Bien-aimés du Seigneur, la vraie dévotion à la Vierge Marie est intérieure, c'est-à-dire, elle part de l'esprit et du cœur, elle vient de l'estime qu'on fait de la sainte Vierge. Nous, les catholiques avions compris que Marie est la Mère de Dieu et la Médiatrice entre nous et son Fils Jésus. Nous croyons qu'elle intercède pour nous auprès de son Fils. Alors, le vrai dévot implore l'aide de sa bonne Mère en tous temps, en tous lieux et en toutes choses : dans ses doutes, pour en être éclaircie ; dans ses égarements, pour en être redressée ; dans ses tentations, pour être soutenue ; dans ses faiblesses, pour être fortifiée ; dans ses chutes, pour être relevée ; dans ses découragements, pour être encouragée ; dans ses croix, travaux et traverses de la vie, pour en être consolée ; enfin, en tous ses maux de corps et d'esprit, Marie est son recours. Aussi, la vraie dévotion à la sainte Vierge est sainte, c'est-à-dire qu'elle porte une âme à éviter le péché et à imiter, de la très sainte Vierge, particulièrement son humilité profonde, sa foi vive, son obéissance aveugle, son oraison (c'est-à-dire sa prière) continuelle, sa pureté divine, sa charité ardente, sa patience, sa douceur et sa sagesse. Enfin, la vraie dévotion à la sainte Vierge est désintéressée, c'est-à-dire qu'elle inspire à une âme de ne pas se rechercher, mais Dieu seul dans sa sainte Mère. Un vrai dévot de Marie ne sert pas cette auguste Reine par un esprit de lucre et d'intérêt ; ni pour son bien temporel, ni corporel; mais uniquement parce qu'elle mérite d'être servie, et Dieu seul en elle. Parce que celui qui honore la Vierge, honore son Fils, c'est-à-dire Dieu. Le chrétien n'aime pas Marie précisément parce qu'elle lui fait du bien, mais parce qu'elle est aimable. C'est pourquoi il l'aime et la sert aussi fidèlement dans les dégoûts et les sécheresses que dans les douceurs et ferveurs sensibles ; il l'aime autant sur le Calvaire qu'aux noces de Cana. **Marie aujourd'hui, Marie toujours !** Se donner ainsi à Jésus par les mains de Marie, c'est imiter Dieu le Père qui nous a donné son Fils que par Marie, et qui ne nous communique ses grâces que par Marie; c'est imiter Dieu le Fils qui n'est venu à nous que par Marie, et qui, nous ayant donné l'exemple pour faire comme il a fait, nous a sollicités à aller à lui par le même moyen par lequel il est venu à nous, ce moyen c'est Marie; c'est imiter le Saint- Esprit qui ne nous communique ses grâces et ses dons que par Marie. N'est-il pas juste que la grâce retourne à son auteur, dit saint Bernard, par le même canal par lequel elle nous est venue? Dieu vient à l'homme par Marie, allons à Lui par Marie. Aller à Jésus-Christ par Marie, c'est véritablement honorer Jésus-Christ, parce que c'est marquer que nous ne sommes pas dignes d'approcher de sa sainteté infinie directement par nous-mêmes, à cause de nos péchés, et que nous avons besoin de Marie, sa sainte Mère, pour être notre avocate et notre médiatrice auprès de lui, qui est notre médiateur. C'est en même temps s'approcher de lui comme de notre médiateur et notre frère, et nous humilier devant lui comme devant notre Dieu et notre juge: en un mot, c'est pratiquer l'humilité qui ravit toujours le coeur de Dieu...

Avec Marie, soyons de vrais dévots et des porteurs de Dieu aux hommes, engageons-nous pour donner la vie de Dieu aux hommes. Laissons-nous conduire par l'esprit de Marie pour être ses enfants, et par conséquent enfants de Dieu. Et parmi tant de dévots à la sainte Vierge, il n'y a de vrais et fidèles dévots que ceux qui se conduisent par son esprit. Que nos manières de prier la Vierge Marie, nous conduisent à la rencontre de nos frères, pour annoncer la Bonne Nouvelle, pour partager la merveilleuse richesse du Christ et surtout pour être acteurs et témoins de l'universalité de l'amour de Dieu.

Magnificat ! **Magnificat !** Je vous remercie de l'attention qu'il vous a plu de m'accorder.

3ième jour :

Thème : « Comme la Vierge Marie, soyons des chrétiens authentiques »

Au terme de notre triduum, le thème de notre méditation est : « **Comme la Vierge Marie, soyons des chrétiens authentiques** ». Un catholique qui n'est pas chrétien est un danger pour toute la communauté. Etre chrétien, c'est aimer Dieu et aimer l'homme. Aimer Dieu en vérité et en acte et aimer l'homme parce que l'image et la ressemblance de Dieu. Aimons comme Marie, de manière désintéressée, en se faisant le serviteur. Si tu aimes Dieu et que tu détestes ton frère, tu es un menteur, l'amour de Dieu n'est pas en toi. Que nous actes de tous les jours correspondent à la volonté de Dieu. La Vierge Marie que nous célébrons a aimé Dieu et a aimé l'homme. Toute sa vie durant, elle a aimé son Créateur et les hommes.

Comme Marie, ayons foi en Dieu. Laissons-nous nous conduire par l'esprit saint et entrons dans le dessein de Dieu. Car la foi est un cheminement avec Dieu et avec le prochain. Elle n'est pas un condensé de vérités à croire. Avec Marie, nous mobiliser à prendre soin de la vie humaine. Oui, frères et sœurs, la vie humaine de nos jours se dégrade. Parce que des hommes et des femmes ont pris la décision de nuire aux autres. L'homme a perdu la foi en Jésus Christ. Il est devenu le maitre de lui-même. Alors, il écrase les plus faibles, les pauvres. Il installe l'injustice, le mensonge, la corruption. Nous n'avons pas créé le monde, gardons-nous de le détruire. Aujourd'hui une race d'hommes veut réécrire une autre loi, même réécrire nos livres sacrés, même en Afrique aussi des époux peuvent maintenant être deux hommes ou deux femmes. Personne ne peut rester indifférent face à cette méchanceté de l'homme, face à ce péché contre Dieu et contre l'homme ; face à cette profanation de la vie. Tout en respectant chaque individu, chaque être humain, il nous faut dire non à cette culture de la mort. Le chrétien, de par son baptême, a accepté de vivre la vie de souffrance de notre Seigneur Jésus Christ. Par souffrance, nous entendons, renoncement à nous-mêmes, comme Marie, aux choses de ce monde, pour nous livrer à Dieu, à son amour pour libérer le pauvre, les sans voies, les sans défenses, les hommes et les femmes livrer à la barbarie de l'homme, à la souffrance gratuite. Oui, nous sommes appelés à dire non et surtout à ne pas participer à la mort innocente de nos frères. Ne restons pas là à regarder Jésus souffrant en nos frères et dire que nous sommes chrétiens ! Autour de nous chaque jour il y a le pauvre qui souffre et qui a besoin nous, de notre amour et affection. Autour de nous il y a l'homme qui ne compte pour rien et pour personne ! Autour de nous il y a cette veuve, cet orphelin qui a besoin de notre affection ! Même chez nous, il y a souffrance, parce que chaque jour, je suis une plaie pour mon mari ; une souffrance pour ma femme ! Alors que tous les dimanches nous occupons les premières places dans l'Eglise.

Suis-je vraiment chrétien ? Quelle est la véracité de ma foi catholique ? Parce que je dis avoir accepté le Christ mais chaque jour je crucifie Jésus de par ma manière de vivre. Arrêtons d'être des sorciers, des hommes et des femmes remplis d'obscurité en plein jour. Arrêtons d'être les seuls à vivres !

Malgré cet AMOUR de Dieu pour l'homme manifesté en la personne de Jésus par Marie, malgré l'Evangile proclamé, un Evangile de libération, les chrétiens de l'Afrique sont encore troublés par les pouvoirs de la mort, de la sorcellerie, face aux chauves-souris qui se promènent. Quelle est la vérité de notre conversion, la vérité de la croix ? Cela mérite réflexion sur la vérité de notre conversion à Dieu, à son amour, notre conversion à la vérité de la croix, sur la vérité de notre foi en Jésus-Christ Fils de Marie, venu de la part de Dieu pour que l'homme ait la vie et qu'il ait en plénitude; pour que la vie innocente soit arrachée aux forces du mal et puisse refleurir. Le chrétien catholique à l'instar de la Vierge Marie doit être la déroute des esprits impurs et occultes Il ne faut point que nous soyons une assemblée de vains consommateurs de la parole de Dieu et des sacrements. Des hommes et des femmes assis de corps dans l'Eglise et dont les cœurs plongés dans l'obscurité de la méchanceté. Nous ne serons pas chrétiens selon le cœur de Jésus-Christ, tant que la parole écoutée, tant que les sacrements célébrés, surtout l'Eucharistie ne transforment notre vie, en vie juste, ouverte, fraternelle ; affrontant ce qu'il y a de faux, d'inhumain, de bestial ; ce qu'il y a de méchant. **Magnificat ! Magnificat ! ...**

Oui frères et sœurs, devant la misère de l'homme et de tout l'homme, malgré la tentation dramatique de l'homme de se faire le centre absolu, de détourner la création de sa véritable finalité et son achèvement, Dieu n'a pas renoncé à son dessein grandiose. Et Jésus nous dit aujourd'hui comme hier à ses disciples à l'égard de la foule qui le suivait à pied dans l'évangile de Saint Matthieu 14, 13-21: « **donnez-leur vous-mêmes à manger** ». Que devons-nous donner à ce monde, aux hommes et femmes de notre temps, en quête de justice, de vérité, d'amour ? Dans les perturbations et les incertitudes de l'heure présente, que proclame l'Eglise pour les hommes ? L'église nous invite à donner Jésus aux hommes, c'est-à-dire à donner l'amour. Et chaque baptisé doit annoncer l'amour et vivre l'amour. En effet, pour un chrétien, l'horizon vers lequel il doit marcher est la sainteté qui n'est rien d'autre que la perfection de l'amour, c'est-à-dire essentiellement un mystère de relations : **aimer plus aujourd'hui et davantage demain**. En tant que baptisé, il doit être celui par qui l'amour de Jésus pour les hommes passe pour atteindre l'homme. Il doit être porteur de l'amour de Dieu pour les hommes, rejoignant tout homme en quête de Dieu. Oui, « **Donnez-leur vous-mêmes à manger** » est un appel à tout chrétien à devenir un prophète au milieu de ses frères, sa seule passions est donc d'éveiller, de ranimer, de soutenir le peuple afin qu'il demeure un peuple de marcheurs, ouverts aux appels de l'esprit et au don de Dieu.

Cette mission de témoins de l'amour de Dieu pour les hommes ne doit pas être seulement au niveau de la parole mais aussi au niveau de notre engagement pour les plus pauvres, les marginalisés. Soigner les malades, alphabétiser les illettrés, soutenir les désespérer, intégrer les exclus, éveiller les consciences de ceux qui sont exploiter, mettre l'homme debout… tout cela fait partie de cette mission de témoins de l'amour. **Aimer l'homme et tout l'homme.** Nous sommes appelés à conduire de grande foule à Jésus, à être des sentinelles de l'amour. Nous devons toujours chercher là où le projet d'amour de Dieu n'est pas vécu autour de nous. Où l'homme est méprisé, où la vie est piétinée, nous devons voir ce que les autres ne voient pas ou ne veulent pas voient.

Que notre vie de tous les jours soit comme le bon samaritain, les disciples d'Emmaüs, rejoignant tout homme en quête de sens, en quête de vie, pour que Jésus s'enfouisse en nous comme semence et germe de vie, de vie nouvelle. Cela n'est pas facile, notre cœur sera transpercé comme celui de Marie, parce que le monde n'est pas la Vérité. Un proverbe au pays des montagnes, à l'ouest de notre pays dit que : **« L'oiseau qui annonce le lever du jour est toujours exposé à la souffrance ».** Le chrétien sera détesté par le monde, parce qu'il n'appartient pas au monde, et comme nous l'a dit le Maître, **« dans le monde, vous aller souffrir, mais soyez courageux : j'ai vaincu le monde » Jean 16, 33.**

Au sortir d'ici, il faut que tous, on soit des porteurs de Dieu, parce que nous prenons conscience de l'injustice dans laquelle on vit. Et l'Eglise nous répète aujourd'hui le mot du Maître face aux hommes affamés de justice, de vérité, d'amour : **« donnez-leur vous-mêmes à manger ».** Que ce passage avec la Vierge Marie sur la rive de l'amour, qui nous pousse à vivre et à aimer et que nous célébrons à chaque eucharistie nous aide à être des hommes et des femmes porteurs de Dieu. Amen !

II-   LE SEMINARISTE ET LA VIE COMMUNAUTAIRE

Chers amis, compagnon de route à la suite du Maitre Jésus-Christ, je voudrais avec vous partager la méditation qui s'intitule : « *Le séminariste et la vie communautaire* » Nous le savons tous que les quatre dimensions de la formation sacerdotale à savoir : la formation humaine, intellectuelle, spirituelle et pastorale sont bien sûres étroitement liées entre elles dans la même personne du futur prêtre qui devient par la grâce de Dieu Prêtre plus tard.

C'est justement la formation humaine qui retiendra notre attention, car c'est une bonne formation humaine qui favorise la réalisation d'une vie communautaire authentique.

Lecture de l'Evangile de Saint Jean 15, 16.

Qui d'abord est le séminariste ? Cela suppose l'identité même de ce dernier, qui est-il ? Quel est son être propre, qu'est ce qui le différencie des autres jeunes de son âge ? Ensuite, parlerons-nous de la vie communautaire. Enfin, l'exigence, sinon l'obligation de vivre en communauté. Voilà mes frères ces quelques questions qui vont nourrir notre méditation.

D'après le concile Vatican II, « *le séminariste est un vivant, qui se développe sous la poussée d'une force interne, usant activement des aliments pris de l'extérieur ; c'est donc un être raisonnable, qui doit agir comme une personne, c'est-à-dire par conviction d'esprit et de libre volonté. Certes, l'action des Supérieurs et des maitres, qui lui indiquent ce qu'il doit faire, est nécessaire, mais plus nécessaire encore l'action du Saint-Esprit, qui lui donne la grâce de le pouvoir faire ; mais, sous la conduite des Supérieurs et sous l'action de l'Esprit-Saint, c'est le séminariste lui-même qui doit agir en être responsable, cherchant à réaliser graduellement en lui l'idéal sacerdotal, qu'il a choisi par conviction personnelle et en pleine liberté* ». Cela suppose que chacun est le propre protagoniste de sa formation sous la conduite bien sûr de l'Esprit-Saint. Le séminariste est comparable au jeune Samuel, Dieu nous appelle chacun par notre nom, selon nos qualités et défauts.

Il nous appelle, car c'est lui le premier qui nous a choisis pour nous instituer pour que nous allions et portions des fruits et surtout des fruits qui demeurent. Nous sommes des séminaristes, c'est cela notre identité, notre personnalité, des êtres choisis par celui-là même qui seul choisi par amour et pour sa mission afin de donner des pasteurs selon son cœur à ce monde.

Pastores dabo vobis nous dit en son aléa 42 que : « après les avoir appelés et avant de les envoyer, et même pour pouvoir les envoyer prêcher, Jésus leur impose un temps de formation destiné à développer un rapport de communion et d'amitié profonde avec lui. » Mes frères c'est ce qui justifie notre présence ici, sinon notre présence dans les séminaires. Car, « vivre au séminaire, école d'Evangile, veut dire vivre à la suite du Christ comme les Apôtres, se laisser initier par lui au service du Père et des hommes, sous la conduite de l'Esprit-Saint, et se laisser configurer au Christ Bon Pasteur pour un meilleur service sacerdotal dans l'Eglise et dans le monde.

Etant donc ici en ce lieu de rencontre personnelle avec Jésus notre Maitre, nous sommes appelés à nous laisser conduire par lui et surtout à le découvrir dans la vie communautaire. Nous tenons par-là même le second point de notre méditation : la vie communautaire et ses exigences.

« Comme il est bon d'habiter ensemble en frères » (ps 132) nous dit le palsmiste. Mais entre nous ce n'est pas facile, mais en tant que chrétiens c'est là que nous portons notre choix. Le choix de vivre ensemble et de répondre à l'appel du Christ. Dans l'aujourd'hui de Dieu, dans un esprit d'ouverture et de réciprocité, unissons-nous, pour aller plus loin dans la rencontre de l'autre et pour grandir sur le chemin d'humanité et de sainteté. Un chemin éclairé par la Parole de Dieu, méditée et mise en pratique… Car ce que je vous commande, dit le Seigneur, c'est de vous aimer les uns les autres.

Nous sommes tous frères, frères dans le christ. Cela suppose qu'on bannisse les préjugés, la doxa, les « on dit que», la vérité mensongère qu'on porte sur l'autre. Ce qui fait la plaie dans nos relations interpersonnelles, est que nous ne croyons pas en nous-même, nous ne nous faisons pas confiance, du coup, nous portons ce que nous avons en nous sur les autres. Ce qu'on dit des autres est ce qui nous anime le plus profondément. Apprenons à partir d'aujourd'hui, que je me réalise en fait, que je suis un être en route, en relation, appelé à vivre avec l'autre, donc en communauté. Cette ouverture implique l'écoute qui permet de se voir comme une personne et donc capable de prêter attention à l'autre et de l'accueillir comme une personne aussi. En tant que séminariste, il nous faut bannir les conflits inutiles pour aller à l'essentiel. Il nous faut nous convertir à l'Evangile, chaque matin, sortir de soi pour entrer en relation avec l'Autre et les autres. Chaque matin, je dois sortir de mon égoïsme naturel, de mon petit univers clos, de ma petite bulle culturelle ou idéologique, pour aller vers Dieu, toujours imprévisible, et vers les autres avec leur différence, leurs qualités et leurs défauts. Nous devons comprendre que si les autres ne sont pas l'enfer comme l'écrivait Sartres, il reste néanmoins vrai qu'ils sont souvent des lieux privilégiés où je suis invité à me convertir. Non seulement parce qu'ils m'obligent à sortir de moi, à me dépasser, mais aussi parce qu'ils me révèlent à moi-même, dans ma laideur parce que pécheur et dans ma beauté en tant qu'enfant de Dieu.

Oui, c'est au sein de nos multiples relations que nous allons vivre, personnellement et collectivement, la pâque, c'est-à-dire ce passage du vieil homme fermé sur lui-même à l'homme nouveau, à l'homme de l'Esprit, ouvert à Dieu et aux autres.

C'est dire que cette aventure des relations réussies est le plus beau pari de l'homme. Elle est surtout pour le croyant, le pari de la foi, difficile sans l'accueil de l'Esprit Saint. La qualité de nos relations est souvent à la mesure de la qualité de nos adorations, de notre vie intérieure. Le séminariste est en chemin dans la vie communautaire, tendu vers Jésus. Chemin est ce que le mot lui-même indique, ce qui nous permet de marcher dans le silence pour nous ouvrir sur l'infini quelque part dans l'inachevé. Ce mot inachevé voudrait marquer la fin de notre parcours.

Je vous remercie, en, surtout, me soumettant à la critique de vos pertinentes questions pour mieux appréhender le thème qui nous a mis en route à savoir : « le séminariste et la vie communautaire ».

Thème : « Que tous soient un, afin que le monde croie que tu m'as envoyé »

Le thème de notre méditation chers amis scouts : « que tous soient un, afin que le monde croie que tu m'as envoyé », Jean 17,21. Face aux conflits, aux guerres, aux indifférences, aux rivalités tribales et ethniques, face à l'excès du mal, quelle réponse tangible donne la foi catholique ? Oui face à l'absurdité du mal, l'amour devient une interrogation. En effet, la foi chrétienne proclame haut et fort mais en douceur que Jésus-Christ est l'unique Sauveur du monde. Il est le Verbe, venu de Dieu pour les hommes et pour que les hommes aient la vie, la vie en plénitude. Ce Logos, c'est-à-dire le Verbe fait chair nous rejoint, surtout nous les hommes de l'Afrique où il y a tant de diversités, tant ethniques, raciales que mentales. Devant cet état de fait, il se pose avec perspicacité les questions suivantes : l'Afrique va-elle mourir ? Comment les chrétiens peuvent-ils construire l'unité en cette Afrique désaxée par les différences ethniques ? Et nous jeunes, scouts du 21ième siècle, comment relever le défi de l'unité dans cette diversité, aussi bien dans notre Afrique que dans l'Eglise une et multi-ethniques ?

Pour aller en profondeur dans notre cheminement, nous commencerons donc par présenter l'Afrique dans son repli identitaire. Puis suivra, le chemin que montre l'Eglise pour un vivre ensemble dans un monde désunit. Enfin, le rôle du dans la construction de l'unité dans l'Eglise, le monde et autour de lui.

Alors, je suis devant vous, chers amis pour qu'ensemble, nous mettions en terre une semence dont vous serez les fruits afin qu'à votre tour vous en portiez assez, pour la plus grande gloire de Dieu et pour le salut des hommes. Puisque nous sommes africains, je me permets d'éveiller comme Kwamé N'krumah, les consciences des hommes de notre temps, endormies par l'alcool, le sexe, l'argent, la facilité,… Ensemble empêchons le regard trop pitoyable que l'on porte sur l'homme africain qui nous ridiculise et infantilise. Nous savons tous ou du moins nous devons le savoir que l'Afrique en dépit de sa diversité tant culturelle, raciale, ethnique, tribale que mentale demeure et reste une et indivisible. N'attendez pas de moi, en cette matinée, un discours de missionnaire ennuageant l'esprit pour favoriser l'exploitation, mais celui qui dérange. Parce qu'il y a urgence !

L'on s'appuie sur cette diversité pour réduire l'africain à la bestialité la plus aberrante. Manipulant les consciences faibles et entichées de matériels pour nous démolir et piller nos terres. Et ces esprits au regard du moment posent des actes ignobles à l'égard de nos frères. Il est impérieux de comprendre que tout homme est un frère et que sa vie à du prix. Aussi devons-nous le savoir que jamais l'homme ne pourrait et ne devrait être traité comme une chose. Loin de moi de vouloir cultiver l'esprit de haine mais de donner une place à la mémoire. Mémoire se souvenant le mal fait à l'Afrique, dont les conséquences se récoltent encore aujourd'hui. Il nous faut nous émanciper de l'esclavage à tous les niveaux. Il nous faut une pastorale de libération.

Mais attention, le mal africain n'est pas seulement extérieur mais aussi intérieur. Parce que justement l'africain est irresponsable et complexé. Renfermé sur soi-même ; il nous faut combattre ce repli identitaire. Tout est mis en place pour nous divertir l'esprit, un système dans lequel on se débat, les plus courageux qui sortent de cette caverne afin d'y revenir pour éclairer les autres sont assassiner ou emprisonnés. L'autre, l'étranger, une grande richesse en Afrique noire, est aujourd'hui objet de méfiance. La plaie est profonde. Et pourtant nous le savons bien, la solidarité est une réalité, elle est profondément ancrée dans nos cultures, notre philosophie, dans notre être africain. L'accueil de l'autre, venez voir au pays des kroumen, la cola et le piment ; une véritable qualité naturelle propre à notre culture. Retournons aux sources, aux origines, à la pensée des anciens, à la lumière d'aujourd'hui.

C'est en cela que l'Eglise locale devrait jouer un rôle déjà important qu'elle joue. Le chemin du salut qu'elle montre doit se traduire dans nos réalités africaines afin de mieux saisir le message du Christ. Cette annonce de Jésus ouvre la voie à la conversion. C'est en cela que l'homme africain découvrira dans le Christ, le Chemin, la Vérité et la Vie. C'est pourquoi l'Eglise nous invite à comprendre que les disciples de Jésus-Christ aujourd'hui doivent mener en ce monde une pastorale de libération et de compassion, comme le Bon samaritain de l'évangile, simplement parce que l'homme qui se trouve dans le besoin, sur le bord de la route, est un frère. L'Eglise nous exhorte au dialogue, car par le dialogue les hommes passent aux confins des différences respectives. En effet, c'est le dialogue qui permet de regarder avec confiance l'autre, parce que dans ce sens les différences sont passées comme ressources importantes pour la construction d'un projet commun de foi.

Jésus nous invite à l'unité : « Que tous soient un ». C'est une prière que Jésus adresse à son Père afin que tous les hommes soient un. Dans un monde défiguré et désaxé, perturbé par des conflits. Il y a donc urgence ! Urgence, parce que le monde s'est engagé dans une course aux armes de destruction massive des hommes et des perturbations de l'ordre naturel. C'est dans un tel monde que le Christ veut qu'on soit un. A nous chrétien, il demande d'être signe d'unité « afin que le monde croie que tu m'as envoyé ». C'est lorsqu'on sera uni dans nos diversités, main dans la main, sans aucune différence que le monde croira que Dieu a envoyé son Fils Jésus pour que tous les hommes aient la vie en abondance. C'est lorsque les hommes verront entre nous la lumière de l'unité briller comme l'étoile qui a guidé les Mages à l'enfant Jésus qu'ils croiront que Notre Seigneur Jésus a été envoyé par Dieu pour le salut de tous. Oui, ils sauront qu'en la croix du Christ réside le salut : « In cruce salus », notre salut est dans la croix du Christ.

L'Eglise nous invite à vivre ensemble dans nos différences, car la diversité est source de richesse pour qui aime sortir de lui-même pour aller à la rencontre de l'autre. L'autre comme source et réalisation de soi. Et c'est lorsque nous allons changer de mentalité, de regard que nous saurons qu'en l'autre se trouve un bonheur, celui de la réalisation de son être propre. C'est dans cette perspective que s'inscrit le scoutisme dans son désir de bâtir un monde meilleur. Mais comment bâtir un monde meilleur sans unité, sans cohésion ? Pour nous cela est possible, si et seulement si nous mettions en pratique le vœu de Baden Powell. Celui-ci est que « dans tout cela, c'est l'esprit qui compte. Notre Loi Scoute et notre Promesse, lorsque nous les mettons vraiment en pratique, suppriment toute occasion de voir renaitre les guerres et les conflits entre les nations. »

Nous voulons voir dans le monde des hommes unis et frères de tous. Comme le stipule l'article 04 de notre Loi scoute : « Le scout est l'ami de tous et le frère de tout autre scout ». En effet, cet article voudrait dire que quelles que soient nos idées, notre religion ou la couleur de notre peau, le scout demeure l'ami des gens de son milieu, voire de tous les hommes. A nous aussi, le Christ lance cet appel : « ce que je vous commande, c'est de vous aimer les uns les autres »[1]. C'est lorsque nous allons nous aimer, d'un amour désintéressé et sincère que notre mouvement sera fort et solide. Parce que l'unité est le socle de tout progrès.

« Je ne vous appelle plus serviteurs, car le serviteur reste dans l'ignorance de ce que fait son maitre ; je vous appelle amis, parce que tout ce que j'ai entendu auprès de mon Père, je vous l'ai fait connaitre. Ce n'est pas vous qui m'avez choisi, c'est moi qui vous ai choisis et institués pour que vous alliez, que vous portiez des fruits et que votre fruit demeure : si bien que tout ce que vous demanderez au Père en mon nom, il vous l'accordera. Ce que je vous commande, c'est de vous aimer les uns les autres. »[2] Le Christ nous dit que ce n'est pas nous qui l'avons choisi mais plutôt Lui qui nous a choisis. Il nous a appelés par notre nom pour être scout selon le cœur de Baden Powell. Il nous incombe donc d'être féconds, de produire assez de fruits dans nos milieux respectifs. Les scouts doivent être les porteurs sinon les messagers de la paix en construisant l'unité. Et c'est le défi que tout scout se doit de relever pour la plus grande de Dieu. Nous devons faire de l'unité notre pain quotidien afin de prouver aux hommes de notre temps que notre Boussole, notre Maitre le Christ a été envoyé pour une seule cause noble : celle de la rédemption des hommes.

Sachez que notre monde a besoin de témoins, et que nous sommes les témoins de la Bonne Nouvelle. Nous, scouts catholiques, avons pour mission la concrétisation de l'unité dans le monde. L'unité, oui l'unité doit être pour nous ce qui donne goût à la vie. Que tous soient un, afin que le monde croie que tu m'as envoyé.

Je vous remercie !

---

[1] Evangile de Saint Jean chapitre 15 versets 17
[2] Jean 15, 15-17

Thème : les jeunes et la vocation

Texte de base : Matthieu 19, 16-22

Chers Jécistes, le thème qui nous rassemble ce matin pour notre méditation a pour titre : « les jeunes et la vie consacrée ». Ce titre n'a pas besoin d'une justification extérieure, il se justifiera lui-même dans la progression de la chose elle-même. Nous sommes ici ensemble pour jeter en vos cœurs si fertiles une semence avec l'espoir qu'elle sera livrée à l'emportement du vent qui en multipliera les fruits. Jeunesse Estudiantine Catholique, ce qui voudrait dire que je suis en face d'un monde hautement intellectuel. Un milieu estudiantin ou encore lycéen, un milieu où cuit le pain de la connaissance, du savoir, pour un monde plus responsable et plus dynamique.

Le jeune se définit, selon le dictionnaire universel comme celui qui n'est pas avancé en âge, ou du moins la jeunesse, comme cette partie de la vie qui est comprise entre l'enfance et l'âge adulte. Quant à la vie consacrée, nous faisons allusion à la vocation. Ce mot vient du latin qui veut dire appel. C'est donc un appel et cet appel émane toujours de Dieu, car c'est Dieu qui appelle les hommes de chaque époque. Dieu végète en ces hommes son amour afin que ces derniers à leur tour soient amour et porteurs d'espérance. Témoin donc de Dieu au milieu des hommes afin que les hommes aient la vie et la vie en plénitude. Et ceux que l'Eglise consacre ainsi sont des « appelés » qui se sont sentis interpellés par le Seigneur, car la prêtrise est une mission dont l'initiative revient à celui qui envoie.

A ce propos, il est toujours instructif de revenir aux récits des vocations que présentent les évangiles ; et les différences qu'il y a entre eux peuvent aussi nous faire comprendre que la meilleure des vocations peut comporter des hésitations, des étapes et des reprises. Saint Jean nous parle de cinq vocations, que nous suivons dans le premier chapitre de son évangile[3]. Pour les premiers appelés, la découverte de Jésus et

---

[3] Cf Jean 1, 35-51

l'engagement à le suivre comme coopérateurs semblent ne faire qu'un. Il en est aussi des deux premiers, qui suivent Jésus dès que, sur la parole du Baptiste, ils ont reconnu en Lui l'Envoyé de Dieu ; aussitôt, ils veulent l'intimité : « Maître, où demeures-tu ? ». Immédiatement, André, l'un des deux, prévient son frère : « nous avons trouvé le Messie ». Quant à Philippe, c'est Jésus directement qui le trouve et l'appelle à sa suite : « suis-moi ». C'est ce Philippe qui va amener Nathanaël, pour lequel il faudra un signe tout personnel : « je t'ai vu sous le figuier », lui dit Jésus. Et malgré les siècles écoulés et les divers questionnements, la vocation de Nathanaël reste un secret en lui et Jésus qui donne l'occasion de souligner le caractère toujours personnel de toute vocation. Chacun a été vu sous son figuier. Chacun a un secret d'amour avec le Christ.

Chers frères et sœurs, chers amis, la jeunesse est le monde de demain, donc la force de notre Eglise de demain. Nous sommes les piliers de notre Eglise. Et si cette jeunesse se refroidit, le reste du monde claque des dents. Soyons donc des gens chauds, des gens dynamiques. Des jeunes debout dans l'Eglise afin de donner une nouvelle image, sinon celle qui a été au commencement du monde. Des jeunes qui se démarquent de par leur façon de vivre des autres, pour être sel et lumière en ce monde. Donnez goût e éclairez notre monde.

Mais hélas, notre jeunesse a démissionné, elle a opté pour une autre direction, celle de la facilité, de la corruption, de la tricherie, du mensonge, de la dépravation des mœurs, de l'impolitesse la plus extrême, de la violence, du broutage, … que dire face à cette jeunesse déboussolée, désorientée ! Et qui n'a plus de repères. Sinon cette mode qui de plus en plus nous conduit à la dérive. Des jeunes filles presque nues, des jeunes gens laissant à la lisière de leurs fesses leur pantalon, avec des coiffures extravagantes,… Les interrogations surgissent dans les esprits des hommes voyant que le lendemain est aux horizons sombres, du fait de la démission des jeunes. Il y a certainement danger ! Et cela mérite réflexion. C'est pourquoi des hommes qui croient en l'avenir meilleur, des Jécistes, marquent une pause, pause qui fait appel à un questionnement sérieux sur l'avenir de la couche juvénile. Devant ce souci, l'on se demande : que sera demain, au regard de cette jeunesse qui s'entrelace dans le sable mouvant de la dégradation la plus extrême, la plus dérisoire de notre époque ? Voilà un cri qui monte comme un soupir, exaspéré par tant d'humanité. Mais tout autant plein d'espérance, car malgré tout, des jeunes refusant le fatalisme, s'inscrivent dans le changement. Au nombre de ceux-ci, il me plaît de nommer la jeunesse estudiantine catholique, devant qui en ce matin je parle afin que par leur mission d'éveilleur de consciences, oriente la jeunesse sur le chemin qui est chemin sans âpreté de la vie, c'est-à-dire Notre Seigneur Jésus-Christ. Votre mission est si délicate, car il faut conduire les jeunes, non pas seulement les jécistes mais tous les jeunes du monde à une métanoïa, c'est-à-dire au changement et au renouvellement de l'homme tout entier, dans ses pensées, dans ses jugements et dans sa vie. Changement et renouvellement qui s'opèrent en lui à la lumière de la sainteté et de l'amour de Dieu qui nous ont été manifesté et communiqué en plénitude dans le Fils.

Vous tous qui passez par le chemin, vous qui n'avez plus de repère, désorientez, venez et voyez comme est Bon le Seigneur ! C'est Lui notre Boussole, notre repère. Mon frère, ma sœur, n'attend pas de moi ce matin, celui qui viendrait défini seulement ce que sont la jeunesse et la vie consacrée, mais plutôt, celui qui en son cœur de jeune comme vous, pleure la jeunesse africaine. Ainsi donc, de par mes propos je vais déranger les consciences. Parce qu'il y a urgence ! La jeunesse africaine surtout catholique a besoin de se tenir debout, car la gloire de Dieu, disait Saint Irénée, c'est l'homme vivant. Levons-nous et entrons dans la sacralité de la vie, en prônant les valeurs vertus de l'humanité. Le Christ nous appelle, chacun par son nom, à témoigner de son amour, à proclamer la foi chrétienne : Jésus est Dieu. Ce Jésus nous rejoint dans notre être au monde, dans notre ordure pour la rendre en or – dur. Il nous rejoint dans notre état d'injuste pour nous rendre justes. Ce Jésus n'appelle pas exclusivement des bons, mais aussi des pas bons pour en faire des bons – bons.

Comme ce jeune homme riche, nous aussi partons à la recherche du Christ. Demandons-lui : « Bon Maître, que dois-je faire pour avoir le royaume des cieux ? » Mais, comme lui aussi nous sommes attachés aux choses passagères, (à notre argent, à notre péché mignon, …) qui ne demeurent pas, mais qui nous conduisent à notre perte, ainsi faisant de nous des zélateurs optimistes qui ne cessent de magnifier la joie de l'homme devenu dieu, devant ce spectacle désolant d'une société livrée à la course au matériel, doit se dresser la JEC, afin de dire à leurs confrères que le vrai bonheur c'est le Christ. Soyez le bon samaritain, les disciples d'Emmaüs, rejoignant tout jeune en pâle de vie, en souffrance de vie, en quête de sens. Pour cela, il vous faut affronter ce qu'il y a de faux, d'inhumain, de bestial en la jeunesse. Il vous faut attaquer au mal dans son fond, qu'est-ce qui fait que les jeunes démissionnent ? Cherchez la plaie et guérissez-là. D'ailleurs, dans cet opuscule tinté de réalité de notre temps, le Christ te dit ce matin : « si tu veux être parfait, va, vends ce que tu as, et donne l'argent aux pauvres. Alors tu auras des richesses auprès de Dieu. Ensuite, viens et suis-moi ». Comme il est difficile de tout laisser pour suivre le Christ. Ce qui est le plus difficile à laisser c'est nous-mêmes, notre moi. Au nom de quoi vais-je laisser la vie qui est belle comme ça pour me mettre dans leur affaire de prêtre là ou de sœur là ? Au nom de quoi même ? Tchié, la vie d'aujourd'hui là où quand tu n'as rien, même étant l'aîné de la famille tu n'es pas considéré, parce que le petit frère est fonctionnaire, du coup, il est le plus écouté, c'est lui qui prend les décisions. C'est dans ça là je vais devenir prêtre, une vie de ratée ! Non ce n'est fait pour moi ! Affaire où l'on ne fait pas d'enfant là, non leur histoire là ça ne m'intéresse pas. Voilà cher ami, toi aussi tu t'en vas tout triste, parce que tu veux vivre la vie de ce monde. C'est tout à fait normal ; si telle est la volonté de Dieu. Et pourtant, quelle joie de servir le Seigneur dans la vie consacrée ! Quel bonheur ! Ne disons pas non à l'appel de Dieu ! Ne fuyons pas, osons dire oui à cet amour inconditionné de Dieu afin de partager l'amour de Dieu à nos frères, à ceux qui ne connaissent pas le Christ. La réponse à cet appel, à cet amour, à être toujours avec Lui dans la prière et l'action, sera un signe pour que le monde croie. Suivons le Christ et donnons notre vie pour Dieu et pour les hommes, c'est à cette condition que nous trouverons la véritable vie.

Aujourd'hui encore, comme le petit Samuel, Dieu appelle par notre nom. Souvent cet appel n'est pas explicite, il nous faut l'expliquer à un prêtre, à notre Eli le grand prêtre, ce que l'on ressent et lui t'aidera à découvrir en toi la volonté de Dieu. La vocation est pour moi ce qui nous anime, ce qu'on ressent au-dedans de notre être profond, mais difficile à traduire par le langage. Cet appel se concrétise et se laisse voir par et dans la prière. Tout homme est appelé par Dieu selon son bon vouloir ; c'est pourquoi on s'étonne souvent de voir des gens les plus païens devenir des hommes de Dieu. Rappelons-nous de Saint Paul, un pharisien et un savant, persécuteur le plus cruel des apôtres de Jésus-Christ, mais que le Christ ressuscité a tiré de la cécité spirituelle née de ses propres convictions humaines et de l'enseignement inachevé de ses pères ; aujourd'hui qui est apôtre des nations. C'est celui par qui le dessein de Jésus s'est réalisé : « Allez donc ! De toutes les nations faites des disciples, baptisez-les au nom du Père et du Fils et du Saint Esprit ».[4] Voilà chers amis ce à quoi nous sommes appelés : annoncer aux pauvres la Bonne Nouvelle. Sachez que notre monde a besoin de témoins, et nous sommes appelés à être les témoins de la Bonne Nouvelle.

Que dire au terme de notre méditation ! Sinon se ressouvenir de ce qui nous a rassemblés ici ce matin : « les jeunes et la vie consacrée ». « La moisson est abondante, dit Jésus, mais les ouvriers sont peu nombreux. Priez donc le Maître de la moisson d'envoyer des ouvriers pour sa moisson »[5]. Cela veut dire qu'il y a une urgence d'ouvriers. Nous les jeunes, osons être des ouvriers, des moissonneurs. Le Seigneur nous appelle pour, non seulement l'annoncer, mais pour œuvrer non pas en maitres mais en serviteurs. Ne perdons pas notre repère qu'est le Christ, et ne nous laissons pas aveugler par la gloire et la fortune d'un moment.

Comme le bout se perd en Dieu et que personne ne connait le chemin sinon celui qui vient de Dieu, Jésus-Christ, il faut, tout en écoutant les maîtres que nous rencontrons, fixer les yeux sur Lui seul. Il est la voie, la vérité et la vie. Lui seul d'ailleurs a parcouru le chemin dans les deux sens.

Il faut mettre notre main dans la sienne et partir …

Je vous remercie de l'attention qu'il vous a plu de m'accorder.

---

[4] Matthieu, 28, 20
[5] Luc 10, 02

V-   LA FOI SE PERD DANS LE MONDE : DANGER ! [6]

Nous sommes à un tournant de la vie où tout est devenu possible. Les hommes se marient entre eux, ainsi que les femmes. L'innocent est plaidé coupable pendant que le coupable est innocenté. L'anormal est devenu normal et le mensonge – vérité. La science espère organiser un monde raisonnable sans Dieu, elle débouche soudain sur des espaces inconnus : la course aux armements, le clonage, l'euthanasie, la domination, le soutien des rebellions, l'enrichissement illicite,... Un monde, devenu une véritable jungle, dans lequel le plus fort écrase le plus faible. Le monde court à reculons à une vitesse vertigineuse. Devant ce spectacle désolant où l'homme est devenu dieu, l'on se demande avec acuité : où va le monde ? L'humanité va-t-elle mourir ?

Il y a cependant un vide existentiel, qui constitue la névrose collective de notre temps. Et cela décrit comme une forme de nihilisme, une négation de toute valeur de l'être humain. L'homme est devenu une chose du fait que l'on soit devenu dieu de par sa raison en agissant sans foi aucune. Dès lors, le sacré est profané, plus de croyance en un Etre Suprême : Dieu. D'où l'invitation aux hommes à l'entrelacement de la foi et de la raison pour un monde meilleur selon la volonté de son Créateur. Seul, la foi et la raison peuvent conduit l'homme à la plénitude de la connaissance.

C'est d'ailleurs pourquoi l'Eglise nous invite cette année encore à vivre notre foi de manière visible en ce monde malade ; avec toute sa richesse, ce monde dépérit et va aux abîmes, il glisse sur une pente mortelle et étouffe dans son luxe. C'est la pauvreté qui le guérira : des chrétiens pauvres le redresseront et le feront revivre. Pauvre, pauvre comme Saint François d'Assise. Si nous voulons que le monde soit juste et meilleur, foi et raison doivent être les deux faces d'une même médaille : aussi importante l'une que l'autre. Aussi devons-nous savoir que la raison pourrait conduire aux vérités de la foi, en ce sens qu'il y a entre elles une continuité et non une rupture. C'est justement en ce sens que foi et raison se purifient réciproquement, comme Jean Paul II l'enseigne

---

[6] Article paru dans le bulletin d'information et de formation « Assito » du séminaire propédeutique Saint Jean Paul II de M'pouto, premier semestre 2013-2014

dans *Fides et Ratio*, pour faire monter l'homme vers la contemplation de la vérité. Et cette vérité n'est rien d'autre que l'amour.

Alors, pour que le monde se transforme et prenne l'image voulue par Dieu, tous et chacun, devons-nous nous-mêmes nous libérer de cette philosophie nihiliste pour aider les gens à se libérer. Pour que ce monde change, il faut que nous, chrétiens, changions d'abord. Une métanoïa doit s'opérer à notre niveau, et cela suppose qu'on soit vrai avec nous-mêmes et avec les autres. C'est ce à quoi l'Eglise nous invite. Notre foi doit être visible à l'instar de celle des premières communautés. Une foi et une raison qui se renforcent réciproquement d'abord dans la communauté ecclésiale puis dans le monde. La foi élargit les horizons de la raison pour mieux éclairer le monde qui s'ouvre à la recherche scientifique. Vivons notre foi, car la foi triomphe toujours du monde, et aussi de nos passions les plus rebelles.

Dans un tel monde où la foi se perd, l'Eglise interpelle tous et chacun à une prise de responsabilité et à plus croire en Dieu.

VI- DE LA VISIBILITE DE NOTRE FOI AU QUOTIDIEN, POUR UNE VRAIE RECONCILIATION[7]

Et si on osait parler de la situation politique de notre pays ! Osons parler de la réconciliation, devenue plus théorique que pratique ! Osons en parler, parce que nous sommes citoyens et croyants. Je ne suis pas fanatique d'un quelconque parti politique mais je pose un regard en tant que fils de ce pays et chrétien catholique, pour dénoncer la division des ivoiriens et proposer une piste pour une réconciliation des fils d'Eburnie. Trop de haine, trop de mensonge, trop d'orgueil,… la vérité n'est plus de mise ! Il me semble que nous avons tous démissionnés ! Nous serions donc, tous responsables de ces morts silencieuses de nos nombreux frères, que chaque jour on tue. L'ivoirien sourit mais au-dedans de lui, il souffre d'un aujourd'hui pénible et d'un lendemain incertain. Le politique semble ne plus être crédible, le religieux semble avoir démissionné. A qui pourrions-nous aller ? Comment pourrions-nous rendre notre foi visible alors qu'en nous il semble y avoir encore des séquelles de cruautés post-électorales ? De ce mal de depuis 1999 ? Pendant qu'on nous parle de réconciliation, certains souffrent d'une injustice la plus pitoyable. Qui parle de réconciliation parle de justice, et pourtant on tue, on est partial, on incrimine un seul camp. Je dis non ! Non à cette injustice. Non à cette tyrannie, à cette dictature. Si on veut d'une vraie justice, il faut juger les deux camps. Le monde nous regarde, notre conscience nous parle et l'histoire a une mémoire. Le fruit de la justice sera la paix, la justice produira le calme et la sécurité pour toujours. Sachez que l'horizon est sombre, les ivoiriens souffrent et le ouf n'est pas loin…

Il convient que soit confessé en toute vérité et humilité ce péché de l'homme contre l'homme, de l'homme contre Dieu pour une vraie réconciliation. Ceux qui ont tué doivent se confesser, reconnaitre leur bestialité et demander pardon. Cela est encore possible. Et pour moi, en tant que chrétien catholique, on ne peut sainement s'accommoder de ces silences qui font le lit des recommencements dangereux.

Chrétien, de par ton baptême, tu dois oser dire non. Non à la participation aux morts gratuites de tes frères. Non à la méchanceté. Ton silence est plus coupable que celui qui tue. Il faut comme le Christ, dénoncer les maux qui minent notre pays, faire jaillir la vérité pour le bien de tous dans la mesure où le mensonge conduit à la mort, et chacun de dire la vérité aux tenants du pouvoir. N'ayons pas peur de dire la vérité, seule la vérité nous affranchira, seule la vérité nous rendra libre. Disons la avec douceur et amour. Dire la vérité à son frère, c'est l'aimer. Très souvent nous croyions être dans le vrai, alors nous créons un climat pour nous détester, à nous monter les uns contre les autres. On ne peut pas appeler le père à la table de la réconciliation alors que son fils subi des atrocités les plus déshumanisantes. La réconciliation serait ainsi un échec. Ma proposition serait soit de juger tous les présupposés « criminels », c'est-à-dire des deux camps, soit d'amnistier tout le monde, parce que tous responsables.

Je crois en la réconciliation vraie, si et seulement si on est vrai avec nous-mêmes. Laissons les théories pour le bien de notre peuple. Certaines parties de nos terres sont parfois occupées illégalement, nos maisons aussi. Nos parents au village souffrent parce que les soldats en liberté confondent tout. Il y a danger ! Les cœurs à longueur de journée saignent. On gouverne le peuple pour son bien et non pour le soumettre dans une certaine peur. Pour que cela change, il faut la prière, continuons à prier. Que notre prière s'accompagne d'actions. Notre foi sera visible que si nous arrivions à changer la situation que traverse notre pays, et cela par la prière et l'authenticité de nous-mêmes. Soyons vrais, avec la foi, le chrétien n'a plus peur de dire la vérité. Car la foi est un cheminement avec Dieu et avec le prochain. Elle n'est pas un condensé de vérité à croire. Pour que notre foi soit visible dans notre monde, osons dire non aux massacres, aux tueries, aux gels, aux mensonges, à la corruption, à l'hypocrisie, à l'orgueil,… personne, soit-elle membre d'un quelconque parti politique ne doit rester aveugle, car nos silences ne sont pas un hommage que la parole rend à l'esprit, mais une lâcheté, une preuve de mauvaise foi. Nous sommes chrétiens, osons dire non aux mensonges, … Debout peuple de Dieu !

Et ce, nous mobiliser à prendre soin de la vie humaine. Oui, frères et sœurs, la vie humaine de nos jours se dégrade, l'homme devenant une chose, un objet et non un sujet. Parce que des hommes et des femmes ont pris la décision de nuire aux autres. Personne ne peut rester indifférent face à cette méchanceté de l'homme, face à ce péché contre Dieu et contre l'homme, face à cette profanation de la vie. Le chrétien, de par son baptême, accepté de vivre la vie de souffrance de notre Seigneur Jésus-Christ. Par souffrance, nous entendons, renoncement à nous-même, aux choses de ce monde, pour nous livrer à Dieu, à son amour pour libérer le pauvre, les sans voix, les sans défenses, les hommes et les femmes livrés à la barbarie de l'homme, de la souffrance gratuite. Oui, nous sommes appelés à dire non et surtout à ne pas participer à la mort innocente de nos frères et sœurs. L'histoire nous regarde. Ne restons pas là à regarder Jésus souffrant en nos frères et dire que nous sommes chrétiens ou chrétiennes. Autour de nous chaque jour il y a le pauvre qui souffre, ce Lazare qui a besoin de nous, de notre amour et affection. Autour de nous il y a l'homme qui ne compte rien et pour personne. Autour de nous il y a cette veuve, cet orphelin qui a besoin de notre affection. Même chez nous, il y a souffrance, parce que chaque jour, je suis une plaie pour mon mari, une souffrance pour ma femme. Alors que tous les dimanches nous occupons les premières places dans l'Eglise.

Suis-je vraiment chrétien ? Parce que je dis avoir accepté le Christ mais chaque jour je crucifie Jésus de par ma manière de vivre. Arrêtons d'être des sorciers, des hommes et des femmes remplis d'obscurité en plein jour. Arrêtons d'être les seuls à vivre !

Quelle est la vérité de notre conversion, la vérité de la croix ! Cela mérite réflexion sur la vérité de notre conversion à Dieu, à son amour, notre conversion à la vérité de la croix, pour que la vie, la vie innocente soit arrachée aux forces du mal et puisse refleurir. Il ne faut point que nous soyons une assemblée de vains consommateurs de la parole et des sacrements. Des hommes et des femmes assis de corps dans l'Eglise et dont les cœurs sont plongés dans l'obscurité de la méchanceté. Nous ne sommes pas et ne seront pas chrétiens selon le cœur de Jésus-Christ, tant que la parole écoutée, tant que les sacrements célébrés, surtout l'Eucharistie ne transforment notre vie, en vie juste, ouverte, fraternelle, affrontant ce qu'il y a de faux, d'inhumain, de bestial, ce qu'il y a de méchanceté.

Que notre vie de tous les jours soit comme celle du bon samaritain, des disciples d'Emmaüs, rejoignant notre pays en quête de sens, en quête de vie, de réconciliation, en souffrance de vie, pour que Jésus s'enfouisse en nous comme semence et germe de vie, de vie nouvelle. Que notre foi soit visible en tout pour une réconciliation vraie et sincère. Osons jouer notre rôle de prophète, prêtre et roi.

VII- LA MISERICORDE DE DIEU DANS LA VIE DE SAINT PAUL

Introduction

Notre réflexion se veut être une méditation, un recueillement pour nous ouvrir à la miséricorde du Père dans sa quiddité. Définissant la miséricorde, Saint Augustin affirme qu'elle est « la compassion de notre cœur pour la misère d'autrui, sentiment qui nous porte à lui venir en aide si nous le pouvons ». Cela veut dire qu'on pourrait appréhender le mot miséricorde en deux sens : misère et corde. Une personne qui se trouve dans la misère a besoin qu'on lui jette une corde afin de l'aider à quitter sa misère. Car, « la miséricorde, c'est l'acte ultime et suprême par lequel Dieu vient à notre rencontre. La miséricorde, c'est la loi fondamentale qui habite le cœur de chacun lorsqu'il jette un regard sincère sur le frère qu'il rencontre sur le chemin de la vie. » Nous comprenons donc que la miséricorde est un mouvement d'amour vers celui qui est dans la misère. Qu'est-ce donc la misère ? La misère est un état de malheur pour l'homme. Un homme est malheureux quand il subit quelque chose qu'il ne désire pas et qui l'empêche d'atteindre la perfection. A cet effet, il y a tant de misères : physique, matérielle, sociale, intellectuelle et surtout la misère spirituelle qui en est la misère des misères, parce que coupé de Dieu.

Saint Paul, objet de notre méditation, a aussi fait cette expérience de l'ignorance du Dieu de Jésus-Christ. Car on peut connaitre les Ecritures sans toutefois connaitre Dieu. Qui donc est Paul ? Quel rapport entre la vie de Paul et la nôtre ? A l'instar de Paul, comment voir l'agir de Dieu dans la vie de chacun ? Telles sont les interrogations qui vont nourrir notre cheminer avec Paul.

Dans la vie de Paul il y a un moment de transition, qu'on célèbre dans la liturgie sous le nom assez fade de « Conversion de saint Paul ». Ce ne fut pas une transition facile, harmonieuse, préparée par une longue réflexion, comme celle de beaucoup de convertis de notre temps qui ont ensuite écrit de beaux livres sur leur conversion. Dans le cas de Paul ce fut un moment de rupture – une rupture brutale et radicale qui changea profondément le cours de sa vie. C'est de cette rupture et de ses conséquences dont nous voudrions parler, en essayant, de voir ce que cela peut signifier pour ma vie et pour la vôtre.

A- La vie de Paul avant sa rencontre avec le Christ : Paul, le Juif zélé pour Dieu

Qui était Paul, avant sa conversion ? C'était un Juif, aussi fidèle à la Loi qu'il était possible de l'être. Il le dit lui-même dans sa Lettre aux Philippiens : Il est Hébreu, fils d'Hébreu, dit-il, de la race d'Israël, de la tribu de Benjamin, circoncis le 8ème jour. Pharisien irréprochable au regard de la Loi, plein de zèle. Paul était juif, jusqu'au bout des ongles; mais il était aussi citoyen romain.

C'était un homme ardemment donné aux affaires de Dieu, défendant ardemment les intérêts de Dieu contre ce qu'il considérait une nouvelle secte dangereuse. Il était Pharisien. Le Nouveau Testament, il est vrai, nous donne une idée assez négative des Pharisiens, mais c'était un mouvement profondément religieux.

Quand Paul se met à persécuter les disciples du Christ, il a environ 25 ans. D'après les Actes des Apôtres, sa formation est achevée, celle qu'il a reçue dans le cadre de sa famille, celle que les maîtres des écoles de Tarse lui ont dispensée, celle qu'il a acquise dans le travail et la vie. Lors d'un séjour à Jérusalem, il a reçu une formation approfondie auprès de Gamaliel, un rabbin célèbre de la tradition pharisienne. C'est donc un jeune homme rempli de zèle pour la sainteté de son peuple : il sait que les promesses divines ne sont accordées qu'au juste, à celui qui pratique fidèlement la Torah et les traditions des anciens. Il connait les Ecritures et sait les interpréter à la manière des rabbins. Il connait aussi la culture grecque, fréquente les païens, reçoit une bonne culture philosophique. Voir Ga 1, 13-14 ; Ph 3, 3-6.

B- La vie de Paul après sa rencontre avec le Christ

Or, un jour sur le chemin de Damas, alors qu'il s'en va faire captifs des Chrétiens, pour les emmener à Jérusalem, il est terrassé par une force mystérieuse et une lumière aveuglante. Paul, dans sa grandeur et sa droiture, reconnaît tout de suite qu'il a affaire à quelqu'un de plus fort que lui. Sa réaction est immédiate : « Qui es-tu Seigneur ? ». La réponse vient tout aussi vite : « Je suis Jésus, que tu persécutes ». Cette révélation prouve que Jésus s'identifie avec les persécutés, avec les petits, bouleverse totalement Paul. C'est un tournant profond dans sa vie. Il a rencontré le Christ au coeur même de l'activité qu'il faisait parce qu'il croyait que telle était la volonté de Dieu.

Il ne faut surtout pas croire qu'à partir de ce moment-là Paul va tout de suite devenir un converti célèbre et qu'il entreprendra tout de suite un brillant apostolat. Non. En réalité, d'un point de vue humain, tout s'est écroulé dans la vie de Paul. Les dix prochaines années seront des années d'incompréhension, d'échec, d'incertitude et de très grande solitude. Et ce n'est que 13 ou 14 ans après cet événement de Damas qu'il commencera à écrire.

Disons quelques mots de cette période. Paul a été aveuglé – même physiquement, par la lumière qu'il a reçue. Et lorsqu'il retrouve la vue à Damas et est baptisé, il essaie de se mettre tout de suite à prêcher le Christ. Mais les Chrétiens sont très hésitants à son égard, sachant qu'il était hier encore leur persécuteur, et les Juifs se soulèvent contre lui, voulant même le mettre à mort. Comme les portes de la ville sont surveillées, on le fait descendre le long du mur dans une corbeille, la nuit. Un soulagement pour les Chrétiens de Damas ! Il part pour Jérusalem où Barnabé, qui a cru en lui très tôt, l'introduit à l'Église locale. Mais le même scénario se reproduit. Et de nouveau on le fait fuir de nuit. Et le verset suivant du Livre des Actes dit : « Alors l'Église de Jérusalem était en paix ! » On s'était débarrassé de cette personne embarrassante ! Les dix prochaines années seront des années de vie obscure et difficile. Personne n'est intéressé à avoir cet ancien persécuteur dans sa cour.

Paul décrit sa conversion comme l'événement simultané de la révélation du Christ Jésus en lui et de sa vocation d'apôtre: Lorsque Celui qui m'a mis à part depuis le sein de ma mère et m'a appelé par sa grâce, a jugé bon de révéler en moi son Fils afin que je l'annonce parmi les païens... (Galates 1, 15-16).

Il exprime son expérience fondamentale dans les termes d'une communion étroite et intime avec le Christ: Je vis, mais ce n'est plus moi, c'est Christ qui vit en moi. Car ma vie présente dans la chair, je la vis dans la foi au Fils de Dieu qui m'a aimé et s'est livré pour moi (Galates 2, 20). Cette conscience vive d'être uni au Christ rejoint les paroles que Jésus adressait à ses disciples lors de la Cène: Si quelqu'un m'aime, il observera ma parole, et mon Père l'aimera; nous viendrons à lui et nous établirons chez lui notre demeure (Jean 14, 23) et encore: Comme le Père m'a aimé, moi aussi je vous ai aimés: demeurez dans mon amour. Si vous observez mes commandements, vous demeurerez dans mon amour (Jn 15, 9).

Paul, qui se considère comme le dernier des apôtres, exprime sa vocation comme l'œuvre de la grâce de Dieu: Ce que je suis, je le dois à la grâce de Dieu et sa grâce à mon égard n'a pas été vaine (1 Corinthiens 15, 10). Cette faveur de Dieu est toujours associée dans l'Ancien Testament à la manifestation du salut que Dieu accorde à son peuple ou à un individu, un salut qui est scellé par le don irrévocable de l'Alliance. Cette Alliance exprimait de manière complète et définitive la volonté de Dieu pour son peuple. Elle était la marque tangible d'une élection qui avait sa source dans l'amour gratuit de Dieu. Cette élection devait se traduire par une vocation: Israël avait la responsabilité de sanctifier le Nom de Dieu en vivant en communion avec Dieu par la pratique de ses commandements et en étant au milieu des nations comme un peuple sacerdotal qui leur permet de reconnaître l'unique et vrai Dieu.

Paul conserve ce cadre pour exprimer son expérience mais y insère un tout autre contenu. La grâce que Dieu accorde à Paul est la révélation de son Fils Jésus. Cette révélation sera le point de départ d'une connaissance progressive du mystère de Jésus, d'une communion toujours plus intime avec celui qui a donné sa vie pour le salut du monde. Choisi par Dieu pour être l'ambassadeur du Christ, Paul reçoit la vocation de transmettre l'Évangile de la grâce de Dieu aux nations païennes afin qu'elles reconnaissent dans le Christ Jésus celui qui leur donne une manière nouvelle de vivre leur expérience humaine en relation avec Dieu. La manière de vivre cette relation avec Dieu consiste à plonger dans le Christ, à communier dans toutes les dimensions de sa personne humaine au mystère de la mort et de la résurrection du Christ, à vivre dans le Christ puisque Dieu a fait habiter le Christ dans l'être humain. Puisque la vie du Christ circule dans le croyant, celui-ci est désormais membre de son Corps ressuscité et temple de l'Esprit. La vie du croyant consiste donc à rendre un culte à Dieu en lui offrant sa vie comme un sacrifice spirituel. Paul inscrit lui-même son ministère dans cette offrande à Dieu, car celui-ci lui a donné la grâce d'être un officiant de Jésus Christ auprès des païens, consacré au ministère de l'Évangile de Dieu, afin que les païens deviennent une offrande qui, sanctifiée par l'Esprit Saint, soit agréable à Dieu (Romains 15, 16). Tout le ministère de Paul est motivé par cet ardent désir de communiquer aux gens son expérience de communion au Christ.

Cette nouvelle existence dans le Christ change complètement notre perception ou le regard que nous portons sur les autres. À partir du moment où l'amour du Christ nous étreint à l'idée qu'il a donné sa vie par amour pour le monde (2 Co 5, 14), il est impossible de connaître les autres d'une manière tout simplement humaine ou naturelle. Puisque nous vivons désormais pour le Christ, nous devons vivre avec les autres dans le Christ. Le plus bel exemple de cette nouveauté dans les rapports humains nous est donné dans le billet que Paul adresse à Philémon. Il l'exhorte à accueillir Onésime, son esclave fugitif, non plus comme un esclave mais comme un frère, puisqu'il a reçu le baptême. Philémon est donc invité à considérer son esclave comme quelqu'un qui ne lui appartient plus mais comme un homme qui appartient désormais au Christ.

Lorsque, comme Paul, on est étreint par l'amour du Christ et qu'on a été saisi par lui, il n'y a pas d'autre manière de vivre sa condition humaine que dans la foi quotidienne au Fils de Dieu qui nous a aimés et livré sa vie pour nous. Il s'agit d'expérimenter dans notre vie l'amour que Dieu a manifesté dans le Christ Jésus. C'est un amour dont rien ne peut nous séparer. Vivre dans la foi, c'est avoir sans cesse devant les yeux et rivé au fond du cœur l'amour permanent, indéfectible et fidèle de Dieu qui nous est toujours présent malgré les événements qui peuvent parfois nous porter à en douter. Dans la pensée de Paul, le don irrévocable de l'élection du peuple d'Israël passe dorénavant par une nouvelle élection qui est celle des fils et des filles de Dieu que nous sommes devenus dans le Christ Jésus.

Alors, comme nombreux de ceux qui ont expérimenté la miséricorde de Dieu en la personne de Jésus-Christ, telles que Zaché, Marie Madelaine, et même Paul, il nous faut comme eux prendre un autre chemin. Car tout homme qui rencontre le Christ doit nécessairement prendre un autre chemin, vivre sa pâque, c'est-à-dire ce passage du vieil homme fermé sur lui-même à l'homme nouveau, à l'homme de l'Esprit, ouvert à Dieu et aux autres. Une metanoïa doit s'opérer dans notre vie afin que nous soyions le Bon samaritain, les disciples d'Emmaüs pour rejoindre tout homme en quête de vie, en souffrance de vie, des hommes et des femmes à l'image du Bon Pasteur.

VIII- PEUT-ON ETRE PHILOSOPHE ET ETRE CHRETIEN ?

La philosophie représente, dans la tradition occidentale, un effort radical de compréhension du réel. Elle jette sur le monde qui l'entoure, un regard étonné et interrogateur. Refusant la facilité des évidences, elle demande le pourquoi ultime des choses. Alors que « la foi chrétienne est une certitude spécifique concernant le mystère de Dieu et ses relations avec l'homme ». Dans ces conditions, il convient de dire que la coexistence de la philosophie et de la foi fasse problème. Dès lors, se pose avec acuité la problématique suivante : la philosophie est-elle un chemin autre qui met en déroute la religion ? Autrement dit, la coexistence de la philosophie et de la foi pose-t-elle un problème pour le philosophe chrétien ?

Au cours de notre démarche, nous tenterons d'étayer cette assertion et enfin, nous évoquerons le problème des rapports entre la foi chrétienne et la réflexion philosophique, en montrant que la philosophie et la religion se complètent.

Au conflit de la raison et de la foi, Georges Van Riet définit la philosophie comme étant d'ordre spéculatif. Pour lui, « philosopher n'est ni vivre, ni viser à transformer le monde ou à se former soi-même, ni à accéder à une existence authentique ; mais, c'est réfléchir, rechercher un savoir ». Pendant que saint Thomas affirme que la philosophie est la servante de la théologie. La supériorité que la théologie attribue à la foi sur la raison signifie d'abord que la foi trouve dans la révélation une voie d'accès à la vérité qui est absolument indépendante de la raison naturelle. C'est dans cette même perspective qu'Etienne Gilson écrit que « l'affirmation de Dieu par la foi est spécifiquement autre que son affirmation par la raison philosophique. La conclusion du philosophe est vraie d'une vérité qui est celle de sa propre raison, l'affirmation du fidèle est une participation à la connaissance que Dieu lui-même a de sa propre existence et donc il nous informe par mode de révélation». Ainsi, la certitude de la foi paraissait-elle non pas seulement indépendante de la raison, mais supérieure à elle. En outre, « la philosophie n'est pas une doctrine du salut ». Même si elle nous aide à trouver des réponses, de manière spéculative et critique, aux questions que l'homme se pose.

Un tel chemin ne peut conduire qu'à la spéculation, un chemin glissant pour le croyant, même s'il est philosophe chrétien car « le Dieu de la raison est celui de la science, le Dieu de la foi est celui du salut ». Ainsi donc, « le Dieu dont le fidèle croit qu'il existe, transcende infiniment celui de la raison dont le philosophe prouve l'existence ». C'est dans la même vision des choses que Pascal Blaise affirme que « c'est le cœur qui sent Dieu et non la raison. Voilà ce que c'est que la foi. Dieu est sensible au cœur, non à la raison ». Telle est la supériorité de la foi sur la raison. Pour lui, la foi n'est pas un savoir mais une croyance. Le cœur est la faculté de connaissance qui perçoit ce que la raison n'arrive pas à appréhender ; les vérités divines passent par exemple par le cœur pour entrer dans l'âme. La raison peut avoir une certaine capacité, mais elle s'arrête à un niveau inutile pour le salut. Ainsi donc « connaissance de foi et connaissance de raison ne sont donc pas de même espèce, ni de même genre ».

En outre, la philosophie relève du domaine de l'abstraction, une telle philosophie serait impossible pour un chrétien de faire abstraction de sa foi. Si c'était le cas, l'authenticité de sa façon de philosopher serait incapable. S'il prétend philosopher, sa philosophie est en réalité un jeu. Par ailleurs, la foi seule peut permettre d'accéder à la connaissance du vrai Dieu, par contre, la philosophie pure n'atteint que les faux dieux. La philosophie ne saurait donc rien de Dieu, de la Bible. Toutefois, malgré ce conflit, la philosophie et la religion s'entrelacent pour accéder à la connaissance absolue.

Chez le philosophe chrétien, la philosophie purifie la foi comme la foi purifie la philosophie. N'est-ce pas en ce sens que le Pape Jean Paul II de vénérée mémoire écrit que « la foi et la raison sont comme les deux ailes qui permettent à l'esprit humain de s'élever vers la contemplation de la vérité » Ainsi pour dire qu'il y a une complémentarité entre foi et raison. En effet, la philosophie depuis toujours a élevé son propre savoir au-dessus de celui des arts et des sciences. Elle a donc pu tenir pour une solution au problème la possibilité d'assigner à la philosophie un objet particulièrement élevé en dignité, celui qui est au centre même de la vénération religieuse. C'est-à-dire Dieu. La morale philosophique conseille donc à l'homme d'oser goûter au bonheur de la pensée divine. Pour ce faire, le suprême bonheur de l'homme consisterait en un exercice de la pensée contemplative par lequel l'homme vit selon ce qu'il y a en lui de divin. Le travail philosophique en effet, part d'une donnée qu'il élabore par la réflexion et le raisonnement.

C'est dans cette même perspective que Saint Thomas d'Aquin écrit en substance que « la doctrine sacrée se sert de l'autorité des Philosophes, là ou par la raison naturelle ils ont pu connaître la vérité » En effet, la raison peut conduire aux vérités de la foi, en ce sens il y a entre elles une continuité et non une rupture. Ainsi foi et raison ne sont pas deux facultés distinctes qu'on pourrait opposer « comme des compartiments plus ou moins étanches entre lesquels s'élèveraient des querelles de frontières »

Que conclure à la fin de notre cheminement ? Mais quel peut être la fin, sinon se ressouvenir de ce qui nous a mis en marche. Pour ce faire, il nous faut rappeler le cœur même de notre réflexion, à savoir la philosophie comme chemin d'égarement pour tout croyant qui oserait l'emprunter, même si c'est une philosophie chrétienne. Il convient donc de dire que l'homme de foi ne peut en effet admettre que la philosophie s'arroge de droits à l'égard de la foi. Car l'objet premier de la philosophie chrétienne est de croire en Dieu. Pourtant, la philosophie est d'ordre spéculatif et se veut critique. Elle demande le pourquoi des choses. Ainsi la philosophie de la religion s'assigne comme tâche de rechercher comment est possible la philosophie chrétienne. La philosophie de la religion est une critique de la religion, une purification ou encore une épuration de la religion.

IX- EN MARCHE AVEC HEIDEGGER

La philosophie représente, dans la tradition occidentale, un effort radical de compréhension du réel. Elle jette sur le monde qui l'entoure, un regard étonné et interrogateur. Refusant la facilité des évidences, elle demande le pourquoi ultime des choses. Selon les philosophes, l'accent est mis tantôt sur l'essence, tantôt sur l'existence. Pour Platon, par exemple, l'être d'une chose lui vient de ce qu'elle est une projection de l'idée, de l'intelligibilité ; de même Aristote donne le primat à la forme d'un existant particulier. Pour Descartes, l'existence peut même devenir un attribut de l'essence. Inversement, on peut, avec Heidegger ou Sartre, voir l'essence sortir de l'existence : ainsi l'homme n'a pas une nature, une sorte de formule d'où se déduirait son existence, mais il est d'abord une situation, un moi-dans-le-monde, un être-là (Dasein), c'est-à-dire une existence à partir duquel il se définit. Alors que l'être est tombé dans l'oubliance, dans le délaissement. La tonalité fondamentale est tout autre que celle qui fut, jadis, à l'origine de l'interrogation philosophique à savoir celle de l'étonnement, de l'émerveillement grec de la pensée. C'est désormais celle qui retentit au délaissement de l'être. C'est cette question de l'être qu'importe au roi de la « forêt obscure », Heidegger, d'indiquer comme ouverture de la pensée à l'écoute de l'être et c'est là que les chemins s'ouvrent. Alors, en quoi est-ce que l'être est vu comme événement chez Heidegger ?

Au cours de notre démarche, nous tenterons de faire une approche du sens heideggérien de l'être, ensuite, nous évoquerons la question de l'art comme fondement du sens de l'être et enfin l'être comme événement chez Heidegger.

L'intention de Heidegger sur la question de l'être n'est pas d'élaborer une philosophie mais plutôt ouvrir la pensée à l'écoute de l'être. Il nous invite à la descente profonde du sens de l'être, au retour au plus ancestral : l'écoute de la voix de l'Être pour que l'homme se libère de l'enfermement ontique. Pourquoi faut-il à tout prix relancer la question de l'être ? Selon Heidegger, la question de l'être est la question fondamentale de la philosophie, mais aussi de l'existence elle-même. Alors qu'« *on en vient ainsi à oublier l'Être comme question : paradoxalement, le discours sur l'Être est ainsi un oubli de l'Être* »[8]. L'oubli de l'être incarne donc le point de départ de cette pensée anamnestique. L'oubli de l'Être est la base de notre façon de nous penser et de penser le monde. Il ne faut pas se demander " qu'est-ce que l'Être ? ", mais se poser la question du sens de l'Être. Au travers du Dasein, nous devons réfléchir et penser la question du rapport à l'Être. Pour y arriver, Heidegger nous propose de passer par la modalité du souci. La recherche de l'authenticité est cruciale. Il analyse le sens d'être du Dasein en prenant comme point de départ le Dasein authentique et existant authentiquement. Il importe de rappeler la pensée et l'existence à leur question essentielle, celle de l'être. Ainsi, chercher à savoir la question de l'être, c'est justement chercher à comprendre le sens de l'être. L'être en tant qu'être est l'objet de la métaphysique. L'être, qui ne devient pas, ne saurait nous être donné comme phénomène inscrit dans la succession temporelle. L'être, qui n'est pas un étant en particulier, ne saurait nous apparaître en un lieu. Il faut donc se résoudre à exclure la métaphysique du champ du connaissable. Cette critique lucide a pu donner lieu à une désaffection pour la question de l'être elle-même : sous prétexte que l'être n'est pas connaissable, on a oublié la question de l'être ; du criticisme on est passé au positivisme, qui exige de limiter la spéculation au domaine des faits. Et l'erreur de la métaphysique classique a été, selon Heidegger, de supposer que l'être avait une présence constante « l'être-sous-les-yeux », alors qu'il faut saisir l'être dans ses relations avec le temps.

Pour approfondir la nature de l'être-là (l'homme), il faut l'examiner dans sa temporalité, c'est ce que Heidegger appelle le sens du souci et le découvrir comme une situation. L'être-là est donc à la fois un être-dans-le-monde et un souci, son sens réside dans la temporalité. Il nous indique qu'il faut se diriger vers l'être-pour-la-mort. En fait, l'analyse de l'angoisse et du souci a été le chemin conduisant à cette analyse de Dasein et de la temporalité. Puisque l'angoisse arrache le Dasein à la déchéance, elle conduit au devancement de la mort, à l'imminence de la mort, promesse d'authenticité.

Le souci de l'être n'a pas de raison d'être, il n'est pas justifié par une fin, il ne s'inscrit pas non plus dans un ordre rationnel puisqu'il est ce par quoi l'ordre des raisons

---

[8] Dictionnaire des citations philosophiques, Larousse, 1500 citations, Paris, p. 305.

apparait comme limité. L'homme est précisément l'étant pour qui l'être est une question : il est celui qui montre sans montrer, qui indique ce qui se dérobe. Heidegger écrit : « *L'homme a, en tant que celui qui ek-siste, à protéger la vérité de l'Etre. L'homme est le berger de 1 Etre. C'est cela exclusivement que « Sein und Zeit » a projet de penser, lorsque l'existence extatique y est expérimentée comme 'souci' »*[9] Par ce souci, l'homme apparaît comme l'unique « berger de l'Etre », C'est dans et par le langage que l'Etre s'adresse à nous et nous interpelle pour l'œuvre de la vérité : « *Le langage, écrit Heidegger, est comme la maison de l'Etre et dans cette maison habite l'homme »*[10] Celui qui questionne et s'étonne de la pure présence du monde, de son incompréhensible facticité. L'homme est vu comme le berger de l'Être ou comme la demeure de l'Être. L'homme est concerné par l'Être, par l'éclaircie de l'Être. L'homme est impliqué dans l'histoire de l'Être à partir de la manière dont il assume sa position à partir du rapport à l'Être. Il faut dire en ce sens que seul le Dasein existe, car seul il peut s'élever à un engagement « ek-statique » dans l'ouvert de l'Etre. Mais « ek-stase » est ici souci et angoisse, non ivresse. C'est alors pour échapper à cette angoisse, qui préserve pourtant cela seul qui est proprement humain en l'homme, que le Dasein détermine le sens de l'étant en soumettant l'Etre à son évaluation, à sa volonté, à sa raison : il arraisonne la nature, il oublie l'Etre par son assujettissement dans la domination technique. L'homme est ainsi le gardien de l'Etre, mais aussi celui qui peut lui faire la plus grande violence : nous vivons selon Heidegger l'époque de la Technique planétaire, où la Terre entière est soumise à l'objectivité de nos concepts. Cette époque est aussi celle du plus grand péril pour l'homme, car l'homme ne demeure humain que dans la mesure où il se tient dans l'effroi de l'Etre, dans cette inquiétude originaire qui le fait s'étonner qu'il y ait de l'Etre, et non pas plutôt rien. Il faut retrouver le monde à travers la chose. Dans une telle perspective, l'art joue un rôle fondamental pour saisir l'être de la chose et donc s'ouvrir à la totalité de l'être.

L'art est le moyen de revenir sur cet oubli de l'être, de dépasser la métaphysique. Heidegger oppose art et technique, la technique étant pour lui l'achèvement de la

---

[9] Martin Heidegger, Lettre sur l'humanisme, p. 73
[10] Idem,p.25

métaphysique occidentale. Il critique la modernité parce qu'elle essaie de combler la place laissée vide par l'oubli de l'Être avec toutes sortes d'objets technologiques. La consommation frénétique ne peut remplacer l'angoisse du souci provoquée par la béance de l'oubli de l'Être, ni répondre à la question du sens. Mais c'est encore et peut-être surtout la tâche de l'art que de faire paraître l'étant dans la clarté révélant de l'Etre. L'art apparaît ainsi, aux yeux de Heidegger, comme une sorte d'anti-technique : tandis que la technique soumet le monde aux déterminations objectives de l'intelligence humaine, l'art soumet inversement l'homme à l'avènement originaire de l'Etre, le maintenant ainsi dans le souci qui le fait proprement humain. L'œuvre d'art considérée comme appel et convocation à l'originaire rayonnement de l'Etre. L'art dévoile la dissimulation de l'Etre par l'éclosion originaire de l'étant. . Il faut dire en ce sens que l'œuvre d'art accomplit la destination du Dasein, en ce sens qu'elle décèle l'être de l'étant qui le dissimule, et fait paraître la vérité dans l'éclaircie de son rayonnement.

Heidegger aime à répéter que l'Etre est événement (Ereignis) : l'événement de l'Etre est l'avènement de la présence dans l'horizon du monde, il est le mouvement de la manifestation qui est l'acte propre de ce lieu que les Grecs, avec Aristote, nommaient phusis(Questions II). Si l'Etre est événement, alors il faut dire avec Heidegger qu'il est à la fois l'événement d'une manifestation et d'une dissimulation : l'Etre se manifeste par l'éclosion de l'étant, mais l'étant lui-même, par son caractère propre, par ses déterminations, incite à l'oubli de l'Etre. L'Etre est alors pensé comme vérité — alêtheia — ce qui sort de la dissimulation, mais pour retourner aussitôt en l'oubli, ou Léthé, en lequel l'ensevelit sa manifestation même. Le véritable secret de l'Etre, c'est ainsi le perpétuel mouvement de l'offrande phénoménale. Rien n'est plus énigmatique que l'évidence. On comprend ainsi que ce n'est pas par une quelconque négligence de la pensée que la pensée en est venue à oublier l'Etre, mais par le nécessaire retrait de l'Etre lui-même qui se dissimule en se montrant. En se dissimulant, l'Etre ne se dérobe pas : il se retire en sa réserve qui préserve l'événement de son apparition, de même que l'éclaircie de la clairière ne se fait jour que pas l'ombre de la forêt qui l'assiège. C'est ainsi que la nuit ne dissimule pas le jour mais au contraire, par l'obscure clarté stellaire qui la parcourt, en prépare le lever. Rien n'est montré quand tout est montré. La pure lumière ne manifeste pas, elle aveugle. Le secret de l'Etre est ainsi la condition de sa mise en évidence (J.-L. Chrétien, « La réserve de l'Etre », in Cahiers de l'Herne). La vérité — alêtheia — est le dévoilement de l'Etre par l'éclosion de l'étant, qui manifeste en dissimulant. Heidegger propose à l'inverse un déploiement de la philosophie en tant que le " se donner " de l'Être puisse être reconnu comme tel. Il faut être capable de recueillir la donation à l'intérieur de la présence. L'événement n'est plus strictement mondain, il est l'écoute de l'Être. Puisqu'il y est question d'un « Entgegenstehen lassen », d'un « Sein- lassen » dévoilant et libérateur, ou encore d'un « Verhalten » (com portement), elles désignent un événement du Dasein : à savoir l'événement originel qui est à la racine même de la structure extatique de ce « Sein » qui se réalise à la manière d'un « Da », c'est-à-dire d'une présence-au-monde (in-der-Welt-sein). Cet événement n'est pas un événement aveugle, mais un événement qui, en quelque sorte, « se sait », « se comprend ».

X- QUEL EST LE SENS DU NEGATIF DANS LE PROCES DIALECTIQUE CHEZ HEGEL ?

Introduction

Auteur d' « un système grandiose peut-être, depuis Aristote, le plus grand de toute la philosophie occidentale »[11], Georg Wilhelm Friedrich Hegel naquit à Stuttgart au mois d'Août 1770 d'une famille modeste et mourut en Novembre 1831 du choléra à Berlin. Son œuvre, postérieure à celle de Kant, est l'une des plus représentatives de l'idéalisme allemand et a eu une influence décisive sur l'ensemble de la philosophie contemporaine. Hegel en effet, s'est efforcé de penser les choses, le réel dans leur unité, de comprendre toute la réalité particulière sous l'aspect de la totalité. Car il n'y a aucune raison que la vie ne soit pas totalité même si cette totalité a ses membres éparpillés. Dans un passage capital de la Préface de son œuvre *La Phénoménologie de l'esprit* publié en 1807 comme l'évangile des temps modernes, Hegel trace d'ailleurs les grandes lignes de sa philosophie et en indique le but principal ; il y énumère les principes qui sont à la base de sa pensée et les principales conséquences qui en découlent.

Le mouvement dialectique hégélien est un acte d'engendrer sa propre unité dans un cycle de médiation. Pareille affirmation exige de nous une pause ; pause qui fait appel à un recueillement. Un recueillement qui nous invite à faire l'herméneutique de cette vérité, c'est-à-dire à lire et relire Hegel afin de comprendre pour annoncer la pâque spéculative de la résurrection du sens fondamental de son intuition. Pour ce faire, il nous faut engager un dialogue avec l'auteur, le questionner et devenir par là même ses contemporains. Car pour exposer la recherche d'un philosophe, il faut philosopher avec lui, tâcher de découvrir avec lui ce qui a été le noyau vital de ses réflexions. Alors la question questionnante qui se laisse poser avec acuité est la suivante : En quoi consiste le processus dialectique ? Comment appréhender le négatif comme révélation

---

[11] Jacqueline Russ, *Philosophie-Les auteurs, les œuvres*, Paris, Bordas, 2003, p. 273.

de la vitalité interne de la chose elle-même ? Autrement dit, quelle analyse pouvons-nous faire du sens du négatif comme signification, valeur et comme direction ?

Telles sont les interrogations qui orienteront notre méditation dans la compréhension de Hegel en le suivant pas à pas dans sa recherche. Pour ce faire il nous faut rappeler la question qui nous a mis en dialogue avec lui : quel est le sens du négatif dans le procès de la dialectique chez Hegel ?

Le négatif est appréhendé comme réconciliation et unité de la chose elle-même. Il est perçu comme contradiction pour se retrouver, car la contradiction selon Hegel ne signifie pas absurdité, elle est le moteur même de la vie. C'est dans la mesure où une chose se contredit qu'elle révèle sa vitalité interne. Elle révèle qu'elle est d'un seul et d'un même point de vue elle-même et son autre. Mieux vaudrait dire qu'avec Hegel la substance n'est plus conçu comme une réalité immobile, figée et fermée sur soi sans dynamisme interne. Le vrai, qui de façon ultime est l'absolu, conjoint en lui substantialité et subjectivité, repos apparent et mouvement. Ce mouvement qu'Hegel vient introduire dans la substance n'est rien d'autre que le mouvement dialectique. C'est ce dernier qui d'ailleurs permet de saisir dans une unité vivante, dans une totalité les éléments divers et dissonants de la vie. Cependant le vrai n'est effectif que dans le système. C'est pourquoi la philosophie qui est effort de compréhension de ce qui est, sera systématique. Mais quel est le contenu du système hégélien ?

XI- PENSER LES MUTATIONS SOCIALES AFRICAINES

Penser les mutations sociales africaines au lendemain des colonisations revient à se demander sur le rapport entre le consciencisme et la négritude pour ne citer que ces deux concepts. Ils nous permettrons de comprendre les grands changements des sociétés. En effet, lorsqu'on parle de mutation sociale, on pense aux changements sociaux qu'a connu l'Afrique. Or ceux-ci sont les bouleversements amenés par la colonisation. Mais le combat qu'ont mené les fils de l'Afrique reste infructueux. Le panafricanisme de N'Krumah n'a jamais vu le jour, l'humanisme de Senghor reste plus un mot qu'une réalité. Devant de telles observations, se pose avec acuité la problématique suivante : la compréhension des nouvelles réalités sociales de l'Afrique dépendent- elles de la lutte de ses fils ?

Pour mieux asseoir notre réflexion, nous orienterons notre sujet faisant une approche définitionnelle des concepts, ensuite nous établirons un rapport entre ces concepts et enfin, nous jetterons un regard rétrospectif des indépendances à nos jours.

« Le consciencisme est l'ensemble, en termes intellectuels, de l'organisation des forces qui permettait à la société africaine d'assimiler les éléments occidentaux, musulmans et euro-chrétiens présent en Afrique et de les transformer de façon qu'ils s'insèrent dans la personnalité africaine », avait déjà définit N'Krumah. N'Krumah, encore le définissait comme ensemble des principes humanistes sur quoi repose la société africaine traditionnelle. Mais il entend promouvoir sa doctrine, le « N'krumaïsme » en d'autres termes le consciencisme qui est celle, partant de l'état actuel de la conscience africaine, indique par quelle voie le progrès sera tiré du conflit qui agite actuellement cette conscience. Son fondement est le matérialisme. Il faut retenir de lui qu'il est l'un des épigones de l'éveil d'une conscience africaine, la construction d'une unité humaine, politique et économique maîtresse d'un destin qui lui appartient.

Quant à la négritude, Aimé Césaire la définit ainsi : « elle est la simple reconnaissance du fait d'être noir, et l'acceptation de ce fait, de notre destin de Noir, de notre Histoire et de notre culture ». Il s'agit donc pour les militants de cette première négritude, d'assumer les valeurs de civilisation du monde noir, de les actualiser et féconder, au besoin avec les apports étrangers, pour les vivre soi-même et pour soi. Ainsi pour Senghor, la négritude est « l'ensemble des valeurs culturelles de l'Afrique noire ».

Après cette succincte approche définitionnelle de ces termes, nous verrons en quoi ils sont complémentaires.

Ces concepts ont en commun la prise de conscience et l'affirmation de l'homme noir dans le concert des nations. Tous les premiers textes de Senghor portant sur la négritude ne donnent qu'une seule définition de celle-ci : « l'ensemble des valeurs de civilisation du monde noir ». Ainsi, son texte présenté au premier congrès des écrivains et artistes noirs tenu à Paris dans lequel il affirme avec force les valeurs noires et la prise de conscience par le nègre de sa situation. Pour eux le XXè siècle avait une exigence celle de l'éveil des consciences nationales, mais surtout, l'indépendance des peuples et des continents.

Ces concepteurs ont voulu une Afrique libérée de toutes sortes de dominations. Une Afrique qui devrait s'afficher grâce à son développement et son autonomie. Mais, Hélas ! Elle est toujours plongée dans cette Afrique dans laquelle à la venue de cet homme blanc, dont l'africain ne cessera de porter l'ivoire blanc du blanc son maître. Toutefois, malgré l'effort des ces penseurs noirs de l'Afrique et ceux de la diaspora, l'Afrique est toujours plongée dans cette exploitation modernisée de l'homme blanc.

Un auteur africain disait : « quand ils sont venus, nous avions les terres, eux la Bible ; ils ont dit : « prions », quand nous avions ouvert les yeux, ils avaient les terres et nous la Bible ». L'africain se laissera emporter par cette religion occidentale. Une religion venue avec toutes les pratiques de l'occident diabolise nos religions traditionnelles. Portant nos ancêtres ont adoré leurs dieux et ceux-ci les ont protégés contre l'ennemi,…

Aujourd'hui encore la colonisation bat son plein dans les pays du tiers monde. Depuis les indépendances, partout sur notre continent, des révolutionnaires africains préparent la lutte armée ou prennent une part effective à des réactions militaires et de la contre-révolution. La suite des coups d'état militaire ont révélé étroit entre l'intérêt du néo-colonialisme et celui de la bourgeoisie indigne.

La plupart des pays d'Afrique noir vont célébrer leur cinquantenaire d'indépendance. Voici un moment pour nous s'interroger sur la question de savoir si ces concepts ont-ils réussi à atteindre leurs objectifs ? L'unité tant voulue par N'Krumah n'aura jamais un jour de naissance. L'Afrique a besoin d'une délivrance de son complexe d'infériorité. L'africain doit être fier de son sang noir qui coule dans ses veines, disait Du Bois.

Au terme de notre réflexion, nous pouvons dire que l'Afrique est toujours sous le joug modernisé du blanc. Ses fils sont les véritables responsables de ce qu'elle est. Nous pouvons sans aucun doute dire que l'Afrique doit faire recourt aux concepts idéologiques, un autre combat d'idées.

BIBLIOGRAPHIE

- Blaise pascal, Pensées, Lafuma 424

- Etienne Gilson, Introduction à la philosophie chrétienne, Paris, J. Vrin, 1960

- Georges Van Riet, Philosophie et Religion, Paris, 1970

- Jean Paul II, Foi et Raison, Paris, Pierre Téqui, 1998

- Pierre Thévenaz, L'homme et sa raison, Paris, 1956

- Thomas d'Aquin, Somme Théologique

- Article paru dans le bulletin d'information et de formation « Assito » du séminaire propédeutique Saint Jean Paul II de M'pouto, premier semestre 2013-2014.

- Article paru dans le bulletin d'information et de formation « Assito » du séminaire propédeutique Saint Jean Paul II de M'pouto, second semestre 2013-2014.

- Bible Tob, Société Biblique Française – le Cerf, Paris, 2004.

Printed by Books on Demand GmbH, Norderstedt / Germany